O espelho das almas simples

Dados Internacionais de Catalogação na Publicação (CIP)
(Câmara Brasileira do Livro, SP, Brasil)

Porete, Marguerite
  O espelho das almas simples e aniquiladas e que permanecem somente na vontade e no desejo do Amor / Marguerite Porete ; tradução e notas de Sílvia Schwartz. – Petrópolis, RJ : Vozes, 2008. – (Série Clássicos da Espiritualidade).

  Título original: Le mirouer des âmes simples et anienties et qui seulement demeurent em vouloir et desir d'amour

  7ª reimpressão, 2024.

  ISBN 978-85-326-3740-6

  1. Contemplação – Obras anteriores a 1800 2. Meditação 3. Teologia mística 4. Vida espiritual – Cristianismo – Obras anteriores a 1800 I. Schwartz, Sílvia. II. Título. III. Série.

08-07670   CDD-248.34

Índices para catálogo sistemático:
1. Contemplação : Experiência religiosa :
   Cristianismo   248.34

Marguerite Porete

O espelho das almas simples

e aniquiladas e que permanecem somente na vontade e no desejo do Amor

Tradução e notas de Sílvia Schwartz

Petrópolis

Tradução do original em francês intitulado *Le mirouer des ames simples et anienties et qui seulement demeurent en voluir et desir d'amour.*

© desta tradução:
2008, Editora Vozes Ltda.
Rua Frei Luís, 100
25689-900 Petrópolis, RJ
www.vozes.com.br
Brasil

Todos os direitos reservados. Nenhuma parte desta obra poderá ser reproduzida ou transmitida por qualquer forma e/ou quaisquer meios (eletrônico ou mecânico, incluindo fotocópia e gravação) ou arquivada em qualquer sistema ou banco de dados sem permissão escrita da editora.

CONSELHO EDITORIAL	PRODUÇÃO EDITORIAL
Diretor	Aline L.R. de Barros
Volney J. Berkenbrock	Jailson Scota
	Marcelo Telles
Editores	Mirela de Oliveira
Aline dos Santos Carneiro	Natália França
Edrian Josué Pasini	Otaviano M. Cunha
Marilac Loraine Oleniki	Priscilla A.F. Alves
Welder Lancieri Marchini	Rafael de Oliveira
	Samuel Rezende
Conselheiros	Vanessa Luz
Elói Dionísio Piva	Verônica M. Guedes
Francisco Morás	
Gilberto Gonçalves Garcia	
Ludovico Garmus	
Teobaldo Heidemann	

Secretário executivo
Leonardo A.R.T. dos Santos

Editoração: Fernando Sergio Olivetti da Rocha
Diagramação: AG.SR Desenv. Gráfico
Capa: Juliana Teresa Hannickel
Ilustração de capa: Cláudio Pastro

ISBN 978-85-326-3740-6

Este livro foi composto e impresso pela Editora Vozes Ltda.

Vós que este livro lereis,
Se bem o quiserdes entender,
Pensai no que vos direi,
Pois ele é difícil de compreender;
À humildade, que da Ciência é a guardiã
E das outras Virtudes a mãe,
Deveis vos render.

Teólogos e outros clérigos,
Aqui não tereis o entendimento
Ainda que tenhais as idéias claras
Se não procederdes humildemente;
E que Amor e Fé conjuntamente
Vos façam suplantar a Razão,
Pois são as damas da mansão.

A própria Razão nos dá testemunho
No capítulo XIII desse livro,
E disso não se envergonha,
Que Amor e Fé a fazem viver
E delas não se libera,
Pois são suas senhoras,
Que humilde a fazem ser.

Tornai humildes as vossas ciências
Que estão na Razão asseguradas,
E colocai sobretudo a confiança
Naquelas que o Amor vos pode dar
E que a Fé sabe iluminar,
E assim compreendereis este livro
Que por Amor faz a alma viver.

Sumário

Apresentação, 17

1. Prólogo, 31

2. Da obra de Amor, e porque *ela* fez este livro ser escrito, 33

3. Amor fala dos mandamentos da Santa Igreja, 33

4. Da nobre virtude da Caridade, e de como ela não obedece senão ao Amor, 34

5. Da vida que se chama paz da caridade na vida aniquilada, 35

6. Como a Alma, amante de Deus, vivendo na paz da Caridade, abandona as Virtudes, 37

7. Como essa Alma é nobre, e como ela não se importa com mais nada, 38

8. Como Razão se surpreende por essa Alma ter abandonado as Virtudes e como Amor as elogia, 39

9. Como tais Almas não têm mais vontade própria, 41

10. Como Amor nomeia essa Alma por 12 nomes para os ativos, a pedido de Razão, 43

11. Como, a pedido de Razão, Amor dá conhecimento sobre essa Alma aos contemplativos, 44

12. O verdadeiro entendimento sobre o que esse livro diz em tantos lugares, que a Alma Aniquilada não tem mais vontade, 49

13. Como Razão está satisfeita com as explicações dadas acima para os contemplativos e ativos, mas ainda faz perguntas para as pessoas comuns, 51

14. Como essa Alma tem conhecimento de Deus por meio da fé, 54

15. Aqui fala-se do Santo Sacramento do Altar, 55

16. Aqui o Amor responde à Razão sobre o que havia dito, que a Alma sabe tudo e não sabe nada, 57

17. Aqui Amor responde à Razão sobre o que havia dito, que estas Almas dão à natureza aquilo que ela pede, 59

18. Como tais criaturas não sabem mais falar de Deus, 61

19. Como a Fé, a Esperança e a Caridade pedem ao Amor o conhecimento sobre essas Almas, 61

20. Amor responde à Razão sobre o que havia dito, que ninguém conhece tais Almas, exceto Deus, 63

21. Amor responde ao argumento da Razão, em defesa deste livro que diz que tais Almas abandonam as Virtudes, 64

22. Como essa Alma é comparada à águia, e como ela abandona a Natureza, 66

23. Como essa Alma tem duas potências e como está inebriada por aquilo que nunca bebe, 67

24. Em que momento tais Almas estão na justa liberdade do Puro Amor, 69

25. Razão pergunta a Amor se essas Almas não sentem alguma alegria dentro delas, 69

26. Como essa Alma não ama nada, senão por meio do amor de Deus, 70

27. Como a Meditação do Amor Puro tem somente uma intenção, 71

28. Como essa Alma nada num mar de alegria, 72

29. Razão pergunta a Amor quando essa Alma está na pura liberdade de Amor, 73

30. Como Razão diz a Amor para satisfazer essa Alma dizendo tudo o que poderia falar e dizer sobre Deus, 74

31. Como Amor acalma a Alma, pois ela deu a seu Esposo tudo o que tinha, 76

32. Como Amor faz com que tais Almas permaneçam em seu senso, 78

33. A Alma fica perplexa quando pensa nos dons da bondade de Deus, 79

34. Como a Alma diz que nada pode por si, 80

35. Como essa Alma argumenta com Razão e diz ter sido amada por Deus desde o começo, 81

36. Como a Alma está livre e fora da sujeição à Razão, 83

37. Aqui a Alma diz que no paraíso seus pecados serão conhecidos, para sua grande glória, 84

38. Como a Alma reconhece a cortesia de Amor ao reconhecer perfeitamente a sua própria pobreza, 85

39. Como Razão quer servir e pertencer a essa Alma, 86

40. Como e por que Amor chama essa Alma de supremamente sábia, 88

41. Como a Alma não tem nenhuma inquietação em relação ao pecado e nenhuma esperança relacionada a qualquer bem que tenha feito, 89

42. Como o Espírito Santo ensina o que a Alma sabe, o que ela quer e o que ela tem, 90

43. Como essas Almas são chamadas de Santa Igreja e o que a Santa Igreja pode dizer sobre elas, 91

44. Que práticas tem a Alma que enlangueceu de amor, e em que ponto a Alma morreu de amor, 93

45. Como aqueles que não têm mais vontade vivem na liberdade da caridade, 95

46. Como a Alma tem a compreensão do mais, porque, de acordo com sua opinião, ela nada compreende de Deus, em comparação ao mais dele, 96

47. Como a Alma chegou à compreensão de seu nada, 97

48. Sobre como a Alma que deseja que a vontade de Deus seja feita nela para sua própria honra, não é livre, 98

49. Como tal Alma, que não tem mais vontade, é nobre, 99

50. Como essa Alma está impressa em Deus assim como a cera de um selo, 100

51. Como essa Alma é semelhante à Deidade, 101

52. Como Amor louva essa Alma e como ela permanece nas abundâncias e afluências do amor divino, 102

53. Como Razão pede explicação do que foi dito acima, 104

54. Razão pergunta quantas mortes é preciso que a Alma morra antes que se entenda esse livro, 105

55. Como Amor responde às perguntas de Razão, 106

56. Como as Virtudes reclamam de Amor, que lhes oferece tão pouca honra, 107

57. Sobre aqueles que estão no estado de tristes e como eles são servos e mercadores, 109

58. Como as Almas Aniquiladas estão no quinto estágio com seu amado, 110

59. Por quais meios essa Alma realizou sua conquista, e como e quando está sem si mesma, 112

60. Como é necessário morrer as três mortes, antes que se chegue à livre vida aniquilada, 113

61. Aqui Amor fala dos sete estados da Alma, 115

62. Sobre os que estão mortos para o pecado mortal e nascidos na vida de graça, 117

63. Como a Alma chama de vilões aqueles para os quais é suficiente ser salvo, 118

64. Aqui se fala das Almas que estão mortas para a vida do espírito, 119

65. Aqui se fala sobre os que estão sentados na montanha elevada, acima dos ventos, 120

66. Como a Alma é feliz desde que abandonou a Razão e as outras Virtudes, 121

67. Aqui se fala do país onde essa Alma reside e da Trindade, 122

68. Como, por meio da obra divina, a Alma é anexada à Trindade e como chama de asnos os que vivem sob o conselho da Razão, 123

69. A Alma diz aqui que a prática das Virtudes é apenas inquietude e trabalho, 124

70. Como tal Alma é o que é pela graça de Deus, 126

71. Como essa Alma não realiza nenhuma obra por Deus, nem por si mesma, nem por seus próximos, 126

72. Aqui se fala da distância do país dos perecidos e dos tristes ao país da liberdade, e por que a Alma tem vontade, 128

73. Como o espírito deve morrer antes de perder sua vontade, 130

74. Por que Amor chama essa Alma por um nome tão pequeno como "alma", 131

75. Como a Alma Iluminada dá sentido às coisas ditas acima por meio do exemplo da transfiguração de Jesus Cristo, 132

76. Aqui se mostra, pelo exemplo de Madalena e dos santos, que a Alma não tem nenhuma vergonha de seus pecados, 133

77. Aqui a Alma pergunta se Deus estabeleceu um fim e um limite para os dons de sua bondade, 134

78. Como aqueles que não obedecem aos ensinamentos da perfeição vivem aprisionados em si mesmos até a morte, 137

79. Como a Alma Liberada aconselha que não se recuse o que pede o bom espírito, 138

80. Como a Alma canta e "descanta", 140

81. Como essa Alma não se preocupa consigo mesma, nem com seu próximo, nem com Deus mesmo, 142

82. Como essa Alma é livre em seus quatro aspectos, 143

83. Como essa Alma tem o nome da transformação pela qual Amor a transformou, 145

84. Como a Alma liberada em seus quatro aspectos se ergue em soberania e vive livremente pela vida divina, 146

85. Como essa Alma é livre e mais livre e libérrima, 148

86. Como Razão está perplexa com o que é dito sobre essa Alma, 149

87. Como essa Alma é senhora das Virtudes e filha da Deidade, 151

88. Como Amor pergunta o que Razão perguntaria se ainda estivesse viva, a saber, quem é a mãe da Razão e das outras Virtudes, 152

89. Como essa Alma deu tudo pela liberdade da nobreza, 154

90. Como podemos chegar à perfeição ao fazermos o contrário da própria vontade, 155

91. Como a vontade dessas Almas é a vontade do Amor e a razão de assim ser, 156

92. Como a Alma se libera de Deus, de si mesma e de seu próximo, 157

93. Aqui se fala da paz da vida divina, 158

94. Da linguagem da vida divina, 159

95. Como o país dos tristes é longe do país daqueles que são aniquilados, 160

96. Aqui a Alma fala à Trindade, 161

97. Como o paraíso não é outra coisa senão ver Deus, 162

98. Razão pergunta o que fazem aqueles que estão no estado acima de seus pensamentos, 164

99. Como essa gente, que está em tal estado, tem domínio sobre todas as coisas, 165

100. Como há uma grande diferença entre os anjos, uns em relação aos outros, 165

101. Como essa Alma não quer fazer nada, e também como nada lhe falta, não mais do que a seu Amado, 166

102. Aqui Entendimento da Alma Aniquilada mostra como é penoso quando a maldade triunfa sobre a bondade, 168

103. Aqui se mostra o que significa dizer que o justo cai sete vezes por dia, 169

104. Aqui a Alma fala como Deus lhe deu seu livre-arbítrio, 170

105. O que significa dizer que o justo cai sete vezes por dia, 171

106. Como a Alma expõe o conjunto de seus pedidos, 172

107. Aqui começam os pedidos da Alma, 173

108. Uma bela consideração para evitar o pecado, 174

109. Como a Alma se perturba por não poder satisfazer suficientemente os débitos por suas faltas, 175

110. Como a arte na criatura é uma habilidade sutil que está na substância da alma, 177

111. A diferença entre a unção da paz e a guerra que provoca a repreensão ou o remorso na consciência, 179

112. Da bondade eterna que é amor eterno, 180

113. Pensar a paixão de Jesus Cristo nos faz obter a vitória sobre nós mesmos, 181

114. Se a criatura humana pode permanecer na vida e estar sem si mesma, 182

115. Aqui se fala da substância eterna e de como Amor gera a Trindade na Alma, 182

116. Como a Alma se regozija com a adversidade de seus próximos, 184

117. Como essa Alma mostra que ela é o exemplo da salvação de todas as criaturas, 185

118. Dos sete estágios da Alma devota, que também chamamos de estados, 188

119. Como a Alma que fez com que este livro fosse escrito se desculpa por tê-lo feito tão longo em palavras, pois ele parece pequeno e breve para as Almas que permanecem no nada e que caíram do amor em tal estado, 195

120. Como Verdade louva tais Almas, 196

121. Santa Igreja louva essa Alma, 197

122. Aqui a Alma inicia sua canção, 199

123. A primeira consideração é sobre os apóstolos, 203

124. A segunda consideração é sobre Madalena, 204

125. A terceira consideração é sobre João Batista, 208

126. A quarta consideração é sobre a Virgem Maria, 209

127. A quinta consideração é sobre como a natureza divina está unida à natureza humana na pessoa do Filho, 211

128. A sexta consideração é sobre como a humanidade do Filho de Deus foi torturada por nossa causa, 211

129. A sétima consideração é sobre os Serafins e sobre como eles estão unidos à vontade divina, 212

130. Aqui a Alma fala de três belas considerações e meditações, e sobre como ela não compreende o poder, a sabedoria e a bondade divinos senão à medida que compreende sua fraqueza, ignorância e maldade, 213

131. Aqui a Alma diz que não deseja senão a vontade de Deus, 215

132. Como Justiça, Misericórdia e Amor vieram para a Alma, quando ela saiu de sua infância, 220

133. Aqui a Alma diz que as considerações acima são para os tristes, e mostra novamente quem são os tristes, e como estas considerações estão na vida do espírito, 222

134. Como a Alma está no estado de perfeição quando a Santa Igreja não pode dar o exemplo em sua vida, 223

135. Como estão enganados os que se contentam em serem governados pela afeição da vida do espírito, 224

136. Como toda obra está proibida para a Alma Aniquilada, 225

137. Como essa Alma professa a sua religião e como observou bem sua regra, 226

138. Como a Alma retorna ao seu estado anterior, 227

139. Como a Natureza é sutil em vários pontos, 228

140. A aprovação (*Aprobatio*), 229

Apresentação

Faustino Teixeira
PPCIR/UFJF

O espelho das almas simples insere-se entre as mais singulares obras da literatura espiritual. É não só o "mais antigo texto místico da literatura francesa", como igualmente a "autêntica obra-prima da literatura mística de todos os tempos"[1]. Despercebida pelos históricos da heresia medieval, a obra veio até recentemente atribuída a uma beata dominicana e húngara. A descoberta de sua autoria ocorreu em 1944, por intermédio da estudiosa italiana Romana Guarnieri, que tornou pública a questão em artigo no *L'Osservatore Romano* de 16 de junho de 1946.

Sobre a autora da obra, Marguerite Porete, as informações são escassas. Não há muita notícia sobre a sua vida, a não ser pelos autos do processo inquisitório que a levou à morte, em 1310, condenada como "herética recidiva, 'relapsa' e impenitente". Presume-se que tenha nascido por volta de 1260, no Condado de Hainaut, pertencente à cidade de Valenciennes, nos atuais limites entre a França e a Bélgica. Pela abordagem de sua obra, constata-se que Porete tinha uma inegável cultura teológica e literária, um indicativo de sua vinculação à classe superior, ou mesmo à aristocracia de seu tempo. Não há como afirmar com certeza que a autora tenha sido uma beguina, no

---

1. GUARNIERI, Romana. *Donne e chiesa tra mistica e istituzioni* (secoli XIII-XV). Roma: Edizioni di Storia e Letteratura, 2004, p. 241-293 [aqui p. 247 e 290].

sentido clássico do termo, mas é correto dizer que ela manteve ao longo da vida um "estilo de vida beguine, de mendicância e errância"[2].

Há que situar Marguerite Porete no clima de efervescência religiosa de seu tempo. A espiritualidade cristã no século XIII viveu um período singular de revivificação religiosa, de busca intensiva de vida apostólica. Inúmeras eram as mulheres que buscavam inserção na vida religiosa institucional, em tempos de crescente urbanização da Idade Média. Os conventos femininos dos cistercienses, premonstratenses, dominicanos e franciscanos não conseguiam responder a tal demanda, nem abrigar todas as mulheres que buscavam uma vida religiosa regular. Tiveram que fechar suas portas para conter essa impressionante busca. Importantes núcleos de mulheres que não conseguiram ingressar na vida religiosa acabaram agrupando-se em comunidades pias, ganhando o reconhecimento de beguinas, em torno do ano de 1230. Como assinala Michael Sells, as beguinas "não eram nem monjas nem seculares. Viviam em residências privadas chamadas beguinages e levavam uma vida de pobreza e contemplação, embora não fizessem votos formais e eram livres para abandonar sua condição"[3]. A sedução do "estilo beguine" tocou Marguerite Porete. Ela era uma mulher de intensa vida religiosa, de grande familiaridade com os textos bíblicos e com vocação profunda para a oração, a ascese e a contemplação. Não se contenta-

---

2. SCHWARTZ, Sílvia. *A béguine e al-Shaykh* – Um estudo comparativo da aniquilação mística em Marguerite Porete e Ibn'Arabi. Juiz de Fora: UFJF/Departamento de Ciência da Religião, mar./2005, p. 30 [Tese de doutorado].

3. SELLS, Michael. Tres seguidores de la religión del amor: Nizãm, Ibn'Arabi y Marguerite Porete. In: BENEITO, Pablo; PIERA, Lorenzo; BARCENILLA, Juan José (orgs.). *Mujeres de luz*. Madri: Trotta, 2001, p. 144.

va, porém, com a vida teórica. Seu desejo mais profundo estava no domínio da prática. Daí ter se lançado de corpo e alma numa duríssima ascese, em busca de uma mais radical experiência mística. O livro do *Mirouer* é uma expressão viva dessa busca, sendo fruto de uma "experiência mística pessoal de Marguerite". Como sinaliza Romana Guarnieri, o *Mirouer*, "sob o travestimento de um tratado didático – ou de um guia, uma 'mistagogia'- esconde em realidade uma autobiografia mística"[4].

É provável que o *Mirouer* de Porete tenha sido escrito em meados de 1290, quando sua autora estava em plena atividade intelectual. Logo que se tornou público, o livro sofreu um primeiro processo, diocesano, por parte do bispo de Cambrai, Guy de Colmieu, entre os anos de 1290 e 1306. Apesar da condenação, Porete continuou a pregar sua doutrina e a difundir sua obra, tendo enviado exemplares para a avaliação de três autoridades teológicas que o aprovaram, apesar de algumas ressalvas: Goffredo da Fontaines (Faculdade Teológica da Sorbonne), Franco (um cisterciense da famosa abadia brabantina de Villers) e John di Querayn (um franciscano inglês). Um segundo processo vem aberto pelo novo bispo de Cambrai, Philip de Marigny. A autora acabou sendo conduzida a Paris, ficando sob a custódia do famoso inquisidor dominicano, Guglielmo Humbert de Paris, de infame atuação no processo contra os templários. Porete permaneceu na prisão parisiense por quase um ano e meio, sempre resistindo às investidas do tribunal eclesiástico francês, que queria evitar novas condenações à fogueira. Para que houvesse um ato de clemência, a autora deveria confessar seus "erros" e "des-

---

4. GUARNIERI, Romana. *Donne e chiesa...* Op. cit., p. 265. Ver também p. 271.

vios". Em estrita coerência com seu pensamento espiritual, Porete refuta radicalmente qualquer movimento de retratação. Segue fielmente o que está escrito no *Mirouer* sobre a liberdade da alma:

> A herança dessa Alma é a perfeita liberdade, cada uma de suas partes tem o seu brasão de nobreza. Ela não responde a ninguém a menos que queira, se ele não é de sua linhagem; pois um nobre não se digna a responder a um vilão que o chama ou o convida ao campo de batalha. Portanto, quem chama uma tal Alma não a encontra; seus inimigos não conseguem dela nenhuma resposta[5].

No início de 1309, o inquisidor Guglielmo Humbert encaminha a obra para a avaliação de alguns consultores, que acabam indicando como problemáticas quinze proposições presentes no texto. Segundo Romana Guarniere, as teses que constam nas atas do processo não soam assim tão dissonantes: são teses defendidas por "inumeráveis místicos e místicas, entre os quais numerosos santos, e que hoje ninguém sonharia em enunciá-las como heréticas"[6]. Em abril do mesmo ano, as quinze proposições são julgadas e condenadas por uma comissão de 21 teólogos, entre os quais canonistas, bispos e representantes das Ordens mendicantes. Seis desses teólogos estarão presentes, anos depois, no Concílio de Viena (1311-1312), quando serão condenados oito erros dos begardos e beguinos (DzH

---

5. PORETE, Marguerite. *Lo specchio delle anime semplici*. Cinisello Balsamo: San Paolo, 1994, p. 347 [85: 6-11]. As demais citações do *Mirouer* virão sempre abreviadas no texto, com a letra maiúscula M, seguida do número do capítulo e do número correspondente à linha da edição original francesa. As citações do *Mirouer*, em português, serão fiéis à tradução feita por Sílvia Schwartz para a presente edição da Vozes.

6. GUARNIERI, Romana. *Donne e chiesa...* Op. cit., p. 254.

891-899)[7]. No dia 31 de maio de 1310, um domingo de Pentecostes, uma comissão de canonistas-regentes declara Marguerite Porete herege relapsa e a entregam para o braço secular, que executa a sentença de morte. Em sessão pública e solene, realizada no dia 10 de junho de 1310, na Praça de Grève (Paris), Porete é queimada na fogueira, e junto com ela o seu *Mirouer*. Segundo a posição do grande inquisidor, todos aqueles que tivessem o livro condenado tinham a obrigação de entregá-lo às autoridades competentes no prazo de um mês, sob pena de excomunhão.

Apesar das ameaças da inquisição, o *Mirouer* conseguiu escapar ao cerco e ganhou uma difusão internacional inusitada. Diversos exemplares, tanto na versão original francesa (picarda) como na versão latina, foram salvos, mas a autoria ficou desconhecida, até o século XX. Outras versões se seguiram, como a do italiano antigo e do inglês médio, fazendo do *Mirouer* o "escrito de maior sucesso da mística feminina mais antiga"[8]. Dentre as edições contemporâneas, destacam-se a edição diplomática, editada em 1965 por Romana Guarniere e republicada no *Corpus Christianorum*, em edição crítica sob os cuidados de Paul Verdeyen (1986). Há também as traduções inglesa (Clare Kirchberger, 1927), alemã (L. Gnädinger, 1987), francesa (M. Huot de Long-champ, 1984) e italiana (Giovanna Fozzer, 1994)[9].

---

7. A estudiosa R. Guarniere assinala que o *dossier* do processo contra Porete foi levado ao Concílio de Viena e abundantemente utilizado na elaboração dos erros atribuídos aos beguinos. Cf. GUARNIERI, Romana. *Donne e chiesa...* Op. cit., p. 276.

8. RUH, Kurt. *Storia della mistica occidentale* – Vol. II: Mistica femminile e mistica francescana delle origini. Milão: Vita e Pensiero, 2002, p. 356.

9. Ibid., p. 350. • GUARNIERI, Romana. *Donne e chiesa...* Op. cit., p. 247-248.

O *Mirouer* é fundamentalmente um "tratado místico", um livro de "instrução religiosa". A obra tem um caráter iniciático, revelando uma experiência mística pessoal da autora. Sua linguagem é muitas vezes alusiva, traduzindo dimensões singulares de uma experiência que é interior. A exposição da autora deixa transparecer acenos velados, de uma mensagem revestida de alegorias peculiares, que rompem com as rotas conhecidas do conhecimento tradicional. Já no prólogo vem indicado o necessário "entendimento interior sutil" para a adequada percepção da obra (M1: 11). Através da personagem Alma, Porete sinaliza que a compreensão do livro só é acessível para aqueles que estão regidos pelo Amor Cortês (M53: 20-21). Assim como Jesus só se revelou aos que a Ele estavam mais intimamente vinculados, seus amigos especiais (M75: 24-25), também o *Mirouer* escapa à compreensão daqueles que, agarrados à palha, deixam perder o grão (M75: 21). Os que estão presos às formas e mediações, ao campo das determinações, não conseguem captar a canção da Alma (M122: 85-94).

O livro tem uma estrutura dialógica, com personagens que são centrais e outros que são secundários. Os interlocutores principais são a dama Amor, a Alma e a Razão, todas figuras femininas. Há outros interlocutores que aparecem: a Santa Igreja a Grande e a Santa Igreja a Pequena, a Fé, o Temor, a Cortesia, a Discrição, as Virtudes, a Tentação. Alguns deles aparecem uma única vez ou incidentalmente. Ocorrem também personagens que são variações daqueles principais: o Entendimento da Razão, a Alma Estupefata, a Alma Liberada. E também personalizações da divindade: a Verdade, Deus o Pai, o Espírito Santo[10].

---

10. RUH, Kurt. *Storia della mistica occidentale...* Op. cit., p. 355.

Como indicado no próprio título[11], o tema central da obra gira em torno do caminho gradual de libertação da alma e de sua união mística com Deus. A autora "junta a linguagem do amor cortês, transformada pelas beguinas místicas do século XIII numa linguagem de êxtase, com os paradoxos apofáticos da união mística"[12]. O itinerário espiritual da alma e o processo da apófase do desejo são defendidos pelos dois personagens centrais, o Amor e a Alma, tendo como antagonista a Razão. Na abertura do livro, Porete adverte:

> Teólogos e outros clérigos,
> Aqui não tereis o entendimento
> Ainda que tenhais as idéias claras
> Se não procederdes humildemente;
> E que o Amor e fé conjuntamente
> Vos façam suplantar a Razão,
> Pois são as damas da Mansão[13].

O Amor é o grande protagonista da obra, e o horizonte visado é o despojamento radical da Alma em seu processo de ruptura com todos os vínculos que impedem o exercício da verdadeira humildade e de encontro com Deus. A riqueza maior da vida não está em nenhuma posse, mas no exercício do amor e na conformidade com Deus. Tendo como referência o Evangelho de Mateus (Mt 6,21), Porete sinaliza na voz da Alma um traço que é central em sua reflexão: "Lá onde está o mais de meu amor, é onde está o mais de meu tesouro" (M32: 20-21).

No caminho gradual de sua libertação, a Alma deve passar por três mortes: a morte do pecado, da natureza e

---

11. Título que vem sinalizado na própria obra, expresso pelo personagem Amor: M13: 17-18.

12. SCHWARTZ, Sílvia. *A béguine e al-Shaykh...* Op. cit., p. 32.

13. PORETE, Marguerite. *Lo specchio delle anime semplici.* Op. cit., p. 125.

do espírito. Nesse *itinerarium*, a Alma deve percorrer sete estados fundamentais. No primeiro, que corresponde à morte do pecado, a Alma vem tocada pela graça de Deus e busca observar seus mandamentos, sobretudo o amor a Deus e ao próximo. Mas ainda vive segundo o imperativo da Razão (M118: 10-16). No segundo, que corresponde à morte da natureza, a Alma vive na dinâmica de imitação de Cristo e na observância dos conselhos evangélicos e das virtudes, visando uma vida espiritual de despojamento (M118: 30-40). No terceiro estado, a Alma vem aquecida no seu desejo de puro amor. Para tanto, faz-se necessário romper com a centralidade da vontade e radicalizar o despojamento do eu: "É necessário pulverizar-se, rompendo-se e suprimindo-se, para alargar o lugar onde Amor gostaria de estar, e aprisionar-se em vários estados, para liberar-se de si mesmo e alcançar o seu estado" (M118: 65-68). No quarto estado, a Alma vive um momento de delicadeza especial, atenta aos toques do Amor dileto. Concentra-se agora no exercício da meditação e contemplação. É um momento de embriaguez espiritual, quando a visão vem embaralhada pela claridade do Amor (M118: 70-90). No quinto estado se dá a mudança mais essencial, que corresponde à terceira morte. É sobre ele que mais fala o *Mirouer*. A Alma vem agora "raptada" pela luz divina e toma consciência de que Deus é e que ela não é. Trata-se de uma experiência de "centelha" divina, que se abre e fecha, acenando para a Alma os mistérios do sexto estado. A obra da centelha "não é senão a demonstração da glória da Alma. Isso não permanece por muito tempo em nenhuma criatura, exceto somente no espaço de seu movimento" (M58: 32-34). A Alma alcança o mistério da profundidade e da humildade: "Agora essa Alma é nada, pois vê seu nada por meio da compreensão divina, que a faz nada e a coloca no nada" (M118: 136-138). É o momento em que a Alma "descansa nas profundezas, onde não há mais fundo, e por isso é profundo. Essa profundeza lhe faz ver muito claramente o verdadeiro Sol da altíssima bondade, pois ela não tem nada que lhe impeça essa visão" (M118: 153-156). O sexto estado marca um momento de perfeição espiritual, quando a Alma deixa de ver a si mesma, mas é Deus mesmo "que se vê nela por sua majestade divina" (M118: 184-185). Tudo o que existe passa a ser percebido como diafania de Deus. A Alma está agora "liberada de todas as coisas", não consegue ver nada que não seja Deus mesmo: "Aquele Que É, no qual todas as coisas são" (M118: 186-187). Mas essa alma "liberada" não é ainda a alma "glorificada". A alma só vive sua glorificação no sétimo estado, que acontece na glória eterna. É aqui que se coroa o grande itinerário da alma: "A alma, tocada por Deus e despojada do pecado no primeiro estado de graça, é elevada pelas graças divinas ao sétimo estado de graça, no qual tem a plenitude de sua perfeição pela fruição divina no país da vida" (M1: 2-5). Mas é possível viver no tempo esse estado de glória, que traduz o estado da vida divina da alma unida a Deus. Mas isso se dá segundo um modo específico de sua percepção, que não é o da eternidade. A experiência da "centelha" ou "clarão" revela o ponto de contato entre o tempo e a eternidade. É como um istmo que vincula o criado e o incriado[14].

Não há autêntico ardor amoroso para Porete senão quando a Alma vem inundada pela potência do Amor. É mediante a terceira morte, a morte do espírito, que se rompem os limites que impedem o abraço amoroso da Divindade (M64: 6-8). Em toda sua obra, Porete sublinha o em-

---

14. Ver a respeito a reflexão tecida por Max Huot de Longchamp em nota da edição francesa do *Mirouer*. PORETE, Marguerite. *Le mirouer des âmes simples et anienties et qui seulement demeurent em vouloir et desir d'amour*. Paris: Albin Michel, 1984, p. 254-255 [n. 58].

baraço das mediações na trajetória da Alma para Deus. As mediações são vínculos que embaçam o acesso ao Mistério. Estão sob o jugo desse limite todos aqueles que se deixam dominar pela Razão, que ainda buscam a Deus nas criaturas, que tomam a palha e deixam o grão. Na visão de Porete, essa gente "tem pés sem caminho, e mãos sem obra, e tem boca sem palavras, e olhos sem claridade, ouvidos sem audição, e tem razão sem razão, e corpos sem vida, e coração sem entendimento, no que concerne aos que tocam esse estado" (M86: 9-12). Não se dá acesso ao amor interior quando há fixação na razão humana e no humano sentir (M119: 19-20).

Entre os que se encontram sob o domínio da Razão está a Santa Igreja, a Pequena (M19: 12-13). Enquanto instituição definida e delimitada, esta Igreja não alcança o mistério das almas aniquiladas. Não capta igualmente a medula que habita o fundo da alma, pois ali não pode entrar nada de determinado[15]. Daí o auxílio fundamental exercido pela Santa Igreja, a Grande, que vem constituída pelas almas animadas e preenchidas pelo Amor: as almas aniquiladas. É essa Igreja que sustenta a fé da Santa Igreja, a Pequena (M17: 24-27). Essa posição de Porete a respeito das duas Igrejas causou dificuldades e conflitos, em razão de suas ressonâncias gnósticas e joaquimistas. Mas como bem sublinhou Romana Guarniere, em nenhum momento Porete manifesta intenção de romper com a instituição, mas vem marcada pelo desejo de permanecer ligada a ela[16]. Mas

---

15. Para Porete, é necessário, inclusive, libertar-se do Deus determinado para alcançar a comunhão maior com Deus (M92: 10). Trata-se de uma antecipação de Eckhart, que diz num de seus sermões: "Se um dia Deus quiser olhar ali dentro, isso deve lhe custar todos os seus nomes divinos e sua propriedade de pessoas" (ECKHART, Mestre. *Sermões alemães*. Petrópolis: Vozes, 2006, p. 51 [Sermão 2].

16. GUARNIERI, Romana. *Donne e chiesa...* Op. cit., p. 265.

é bem consciente dos limites que acompanham as mediações, incluindo a Igreja e a Escritura.

Na visão de Porete, a Alma que bebe a lição divina capta a riqueza que está em seu próprio coração (M75: 26-27). Mas para que isso ocorra é necessário um exercício de grande humildade, que haure sua razão de ser na própria divindade e que escapa ao domínio da vontade que busca as virtudes (M34: 13-17 e M88: 18-21). Essa Alma vem radicalmente transformada em Deus, refletindo a simplicidade do Uno. A partir do momento que a Alma vem destacada de sua particularidade, ela toca o fundo, que é o divino mesmo. Nesse "espaço" opera-se uma fundamental "transformação do Amor", onde o amigo e o Amado perdem suas particularidades para dar lugar ao fogo do Amor. Envolvida no Uno a Alma não conhece mais distinção. A Alma,

> liberada em todos os seus aspectos, perde seu nome, pois se ergue em soberania. E portanto ela perde seu nome nele com o qual se funde e se dissolve por meio dele e nele e por ela mesma. Assim ela seria como um corpo de água que flui do mar, que tem algum nome, como se poderia dizer Aise ou Sena, ou qualquer outro rio; e quando essa água ou rio retorna ao mar, perde seu curso e o nome com o qual flui em muitos países realizando sua tarefa (M82: 34-42).

Ao entrar no afluente do Amor, a Alma vem revestida de um "mais", que é irradiação daquele "Amor ultradivino". Para sinalizar esta transformação, Porete faz recurso à imagem do ferro que, revestido pelo fogo, perde sua própria forma, pois o "mais" do fogo transforma o ferro em si mesmo. Assim também acontece com a Alma, que vem revestida com o "mais" de Deus (M52: 7-22). Na perspectiva aberta pelo *Mirouer*, a Alma se liquefaz no centro da medula do Divino Amor (M80: 38-39). Não há como atingir a medula do alto cedro senão passando pelo alto mar e afogando em suas ondas a própria vontade (M80: 7-12).

Essa profunda comunhão com Deus por intercâmbio do amor não implica uma recusa criatural, como pode dar a entender o olhar superficial. Trata-se de um mergulho no Uno que proporciona um brilho singular ao canto das coisas. É uma imersão que suscita um novo olhar para a presença de Deus em todas as coisas (M26: 5). Como bem sinaliza Marco Vannini, a meta proposta pelo *Mirouer* não é um "país estrangeiro, um paraíso fora desta terra, um Deus 'outro' e distante, mas ao contrário, a nossa verdadeira morada [...]"[17]. A mística de Porete desdobra-se num sentimento de "profunda unidade com todas as criaturas". Não há lugar desabitado pela presença do Amor. Ele está em toda parte e suscita admiração e acolhida a todas as coisas (M30: 8-11). No *Mirouer*, Deus vem apresentado como o Longeperto (*Loingprés*), como um amor simultaneamente distante e próximo (M1: 24-25), ou também um clarão que se abre e fecha (M58: 26-27). Mas está sempre presente, é o sempre-já-aí que oferece a todos a "delícia de seu amor" (M122: 82). Ele pode ser encontrado e adorado em todo lugar, e não apenas nas igrejas e nos mosteiros (M69: 39-46).

A perspectiva espiritual de Marguerite Porete terá um influxo substantivo na tradição mística posterior. Vale ressaltar a sua influência sobre Meister Eckhart, Tauler, Ruusbroec e outros[18]. Sua presença na tradição mística ocidental é de importância essencial e o contato com o seu *Mirouer*

---

17. VANNINI, Marco. *Saggio filosófico-teologico*. In: PORETE, Marguerita. *Lo specchio delle anime semplici*. Op. cit., p. 78.

18. Ibid., p. 101-104. • GUARNIERI, Romana. *Donne e chiesa...* Op. cit., p. 148. • RUH, Kurt. *Meister Eckhart*. Brescia: Morcelliana, 1989, p. 141-170.

abre veredas que são inusitadas. Como lembrou Romana Guarniere,

> Marguerite permanecerá na memória como uma grande escritora e mística substantiva, enamorada do Esposo da sua alma, aquele Deus-todo-amor que nos pede uma única coisa: ser amado como Ele nos ama e amou: uma mulher corajosa, de pensamento arrojado e vigoroso, que ousou transpor os limites do indizível e do impensável, naquela terra de ninguém, onde ortodoxia e heresia, como num fio de navalha [...] se roçam, confrontam, se afrontam, e às vezes se confundem, sim, que o "poder" – também aquele eclesiástico – pode ser tentado a interferir com a "justiça", até transformar-se a si mesmo em *summa iniuria*[19].

---

19. GUARNIERI, Romana. *Donne e chiesa...* Op. cit., p. 267.

❧ 1 ❧
Prólogo

A alma, tocada por Deus e despojada do pecado no primeiro estado de graça, é elevada pelas graças divinas ao sétimo estado de graça, no qual tem a plenitude de sua perfeição pela fruição divina no país da vida.

Aqui fala *Amor*: – Entre vós, ativos e contemplativos e, talvez, os aniquilados pelo amor verdadeiro, que ouvireis alguns dos prodígios do puro amor, do nobre e elevado amor da Alma Liberada e de como o Espírito Santo nela colocou sua vela, como num navio, eu vos rogo por amor que ouçais com grande aplicação do vosso entendimento interior sutil e com grande diligência. Caso contrário, todos os que venham a ouvi-lo o entenderão mal, se não estiverem assim dispostos.

Por agora entendei com humildade um pequeno exemplo do amor mundano e, assim, paralelamente, aplicai-o ao amor divino.

Era uma vez uma donzela, filha de um rei de grande e nobre coração, e nobre coragem também, que vivia num reino distante. Aconteceu que essa donzela ouviu falar da grande cortesia e nobreza do Rei Alexandre e logo passou a amá-lo em virtude do grande renome de sua gentileza. Contudo, essa donzela estava tão distante de seu grande senhor, em quem fixou seu amor, que não o podia ver ou ter. Estava então inconsolável, pois nenhum amor exceto esse a satisfaria. Quando viu que esse amor longínquo, tão próximo dentro dela, estava tão distante externamente, a donzela pensou consigo mesma que poderia confortar sua melancolia imaginando alguma figura de seu amor, que continuamente teria em seu coração. Ela mandou pintar uma imagem que representava o semblante do rei que amava, a mais próxima possível daquela que se apresentava a ela em seu amor por ele e no afeto amoroso que a havia capturado. E, por meio dessa imagem e de outros artifícios, ela sonhava com o rei.

Alma (que escreve o livro): — Sobre isso, de maneira semelhante e verdadeira, vos digo: ouvi falar de um rei de grande poder, que era por gentil cortesia, por grande cortesia de nobreza e generosidade, um nobre Alexandre. Mas ele estava tão distante de mim, e eu dele, que não sabia como me consolar. E para que eu me lembrasse dele, ele me deu este livro que representa de alguma maneira o seu amor. Contudo, ainda que eu tenha a sua imagem, não estou menos num país estranho, distanciada do palácio onde vivem os mais nobres amigos desse senhor, que são completamente puros, perfeitos e livres graças aos dons desse rei com quem permanecem.

Autora: — E por isso vos diremos como Nosso Senhor não está totalmente liberado do amor, mas o Amor vem dele para nós, para que os pequenos possam entender por vosso intermédio, pois Amor pode tudo fazer sem a ninguém prejudicar.

Amor: — Há sete estados nobres de existência por meio dos quais a criatura recebe o ser, se ela se dispõe a passar por eles antes de alcançar o estado perfeito; vos direi como, antes que esse livro termine.

❧ 2 ❧
Da obra de Amor e porque ela[1] fez este livro ser escrito

Amor: – Vós, filhos da Santa Igreja, para vos ajudar fiz este livro, a fim de que ouçais para melhor valorizar a perfeição da vida e o estado de paz ao qual a criatura pode chegar pela virtude da caridade perfeita, a criatura a quem esse dom é dado pela Trindade toda; escutareis esse dom exposto nesse livro pelo Entendimento do Amor que responderá às perguntas da Razão.

❧ 3 ❧
Amor fala dos mandamentos da Santa Igreja

Amor: – Por aqui começaremos, pelos mandamentos da Santa Igreja, para que cada um possa nesse livro receber sua nutrição com a ajuda de Deus, que nos ordena que o amemos com todo o coração, com toda a nossa alma e

---

1. É característica das obras das *béguines* que a figura de Amor (Minnie), que tem um papel preponderante nos romances da tradição cortês, seja feminina. A referência de Marguerite Porete é sempre à *Dame Amour*, pois no francês antigo *amour* é uma palavra feminina, bem como o *amors* provençal. Por isso decidimos manter o pronome feminino em relação à palavra amor, que no português é masculino, para maior fidelidade ao espírito do texto, onde a feminina *Dame Amour* aparece como representação divina, ainda que isso possa gerar certas ambigüidades, pois, por vezes, nos foi impossível manter o pronome feminino precedendo a palavra amor ao longo do texto.

com toda a nossa virtude; e que nos amemos como devemos, e a nossos próximos como a nós mesmos.

Primeiramente, que o amemos de todo coração: que nossos pensamentos estejam sempre, verdadeiramente, nele. Que amemos com toda a nossa alma: que até a morte não digamos senão a verdade; e com toda a nossa virtude, que realizemos todas as nossas obras somente por Ele. E por nós mesmos como devemos: sem buscarmos nelas recompensas, mas a perfeita vontade de Deus. E a nossos próximos como a nós: que não façamos, pensemos ou digamos em relação aos nossos próximos nada que não gostaríamos que eles fizessem, pensassem ou dissessem em relação a nós. Estes mandamentos são necessários à salvação de todos; ninguém alcança a graça por um caminho menor que esse.

Notai aqui o exemplo do jovem que disse a Jesus Cristo que havia obedecido aos mandamentos desde sua infância; Jesus Cristo lhe disse: "Uma coisa ainda é necessária, se queres o estado perfeito: vai e vende tudo o que tens, dá aos pobres e segue-me, e terás um tesouro nos céus". Esse é o conselho para toda a perfeição das virtudes, e, quem o seguir, permanecerá na verdadeira caridade.

∞ 4 ∞
Da nobre virtude da Caridade, e de como ela não obedece senão ao Amor

Amor : – A Caridade não obedece a nada criado, somente ao Amor.

A Caridade não tem nada de seu, e tivesse ela alguma coisa, não diria que lhe pertence.

A Caridade abandona sua própria necessidade e atende a dos outros.

A Caridade não pede recompensa a nenhuma criatura por algum bem ou prazer que tenha proporcionado.

A Caridade não tem vergonha, nem medo, nem ansiedade. Ela é tão reta que não se curva por qualquer coisa que lhe advenha.

A Caridade não faz e não leva em conta coisa alguma sob o sol; o mundo inteiro é somente seu excedente e seus restos.

A Caridade dá a todos o que tem de bom, não retém nada para si e, por isso, promete freqüentemente o que não tem por sua grande generosidade, na esperança de que quanto mais dê, mais permaneça nela.

A Caridade é uma mercadora tão sábia que ganha em todos os lugares, lá onde os outros perdem, e escapa das correntes às quais os outros se prendem, garantindo assim a multiplicação do que agrada ao Amor.

E notai que aquele que viesse a ter a caridade perfeita, seria mortificado nos afetos da vida do espírito por obra da caridade.

❧ 5 ❧
Da vida que se chama paz da caridade na vida aniquilada

Amor: – Mas há uma outra vida, que chamamos paz da caridade na vida aniquilada. Dessa vida queremos falar, perguntando se podemos encontrar:

I. uma alma

II. que se salva pela fé e sem obras,

III. que é somente no amor,

IV. que nada faz por Deus,

V. que nada deixa de fazer por Deus

VI. a quem nada pode ser ensinado,

VII. de quem nada pode ser tomado

VIII. ou dado,

IX. e que não tem nenhuma vontade.

Ah! Quem dará a essa alma o que lhe falta, que não lhe foi dado, nem jamais será?

Essa alma tem seis asas, como os Serafins. Ela não deseja nada que venha por um intermediário. Esse é o estado próprio dos Serafins: não há nenhum intermediário entre o seu amor e o amor divino. Eles recebem sempre sua mensagem sem mediação e o mesmo ocorre com essa alma, pois ela não busca a ciência divina entre os mestres deste século, mas ao verdadeiramente desprezar o mundo e a si mesma. Ó, Deus! Quão grande é a diferença entre a dádiva que o bem-amado dá à bem-amada por meio de um intermediário, e a que é dada sem intermediário!

Esse livro disse bem a verdade sobre essa Alma, ao dizer que ela tem seis asas como os Serafins. Com duas asas ela cobre a face de Jesus Cristo, Nosso Senhor. Isso significa que, quanto mais essa Alma tem compreensão[2] da bondade divina, mais perfeitamente ela compreende que nada

---

2. Marguerite Porete usa três termos diferentes para descrever os três tipos de conhecimentos possíveis para o intelecto da alma. A alma é capaz de saber (*savoir*) sobre o mundo das coisas, de perceber ou apreender (*entendre*) seus significados por meio da atividade do raciocínio. O termo compreender (*connaistre*) e compreensão (*cognoissance*) parecem ser termos técnicos que se referem às coisas que pertencem ao reino divino. Marguerite também diferencia a habilidade natural (*engin*) do entendimento (*entendement*) e da compreensão (*cognoissance*) que é gerada pela habilidade e pelo intelecto em conjunto. A compreensão é ao mesmo tempo a parte mais elevada da alma e sua parte mais interna.

compreende, se comparado a uma centelha de sua bondade, pois essa bondade só ele compreende.

Com as outras duas asas ela cobre os pés. Isso significa que quanto mais compreensão ela tem sobre o que Jesus Cristo sofreu por nós, mais perfeitamente ela compreende que nada sabe sobre o que Ele realmente sofreu por nós, pois isso só Ele sabe.

Com as outras duas asas a Alma voa, e permanece ao mesmo tempo de pé e sentada. Isso significa que tudo que ela conhece, ama e louva da bondade divina são as asas pelas quais voa. Ela se mantém de pé, pois está sempre sob o olhar de Deus; e sentada, pois ela permanece para sempre na vontade divina.

E de quê, ou como, essa Alma teria medo? Certamente ela não poderia, nem deveria temer, ou duvidar de nada. Pois mesmo que ela estivesse no mundo e que fosse possível que o mundo, a carne, o diabo, os quatro elementos, os pássaros do ar e as feras a atormentassem e despedaçassem, ou a devorassem, ela não perderia nada se Deus permanecesse nela. Pois Ele é tudo em tudo, onipotente, onisciente e a bondade total. É nosso pai, nosso irmão e nosso bem-amado leal. Ele não tem começo. É incompreensível fora de si mesmo. Ele não tem fim, três pessoas e um só Deus; tal é, diz essa Alma, o Bem-amado de nossa alma.

⁓ 6 ⁓
Como a Alma, amante de Deus, vivendo na paz da Caridade, abandona as Virtudes

Amor: – Essa Alma, que tem tal amor, pode dizer às Virtudes que esteve por longo tempo e por muitos dias a seu serviço.

Alma: – Eu vos confesso, dama Amor: houve um tempo em que assim estive, mas agora é um outro tempo; vossa cortesia me libertou dessa servidão. Por isso agora posso bem lhes dizer e cantar:

Virtudes, de vós me libertei para sempre,
Terei agora o coração mais livre e mais feliz;
Vosso serviço é muito constante, bem o sabeis.
Em vós coloquei meu coração por um tempo, sem nada reter;
Sabeis que a vós totalmente me abandonei;
Fui uma vez vossa serva, mas agora me libertei.
Todo meu coração em vós coloquei, bem o sabeis,
E assim, por um tempo, em grande aflição vivi.
Graves tormentos sofri, muita dor suportei;
Assombroso é que com vida escapei;
E assim sendo, pouco me importa: de vós estou afastada,
Pelo que agradeço a Deus lá no alto; boa foi a jornada.
De vossa dominação, que tanto me afligiu, me livrei.
Nunca fui tão livre, exceto longe de vós;
De vossa dominação parti, em paz repousei.

ᕓ 7 ᕓ
Como essa Alma é nobre, e como ela não se importa com mais nada

Amor: – Essa Alma, diz Amor, não se importa com vergonha nem honra, com pobreza nem riqueza, com bemestar ou ansiedade, com amor ou ódio, com inferno ou paraíso.

Razão: – Ó, por Deus, Amor, o que quer dizer isso?

Amor: – O que quer dizer?, diz Amor. Certo, isso somente aquele a quem Deus deu o entendimento o sabe e nenhum outro, pois nem as Escrituras o contêm, nem a sabedoria humana o compreende, nem o trabalho de uma criatura lhe permite entender, ou compreender, mas esse dom vem do Altíssimo para o qual essa criatura é arrebatada pela plenitude da compreensão, e nada permanece em seu entendimento. E tal Alma, que se tornou nada, tem tudo e, portanto, não tem nada, vê tudo e não vê nada, sabe tudo e não sabe nada.

Razão: – E como pode ser, dama Amor, diz Razão, que essa Alma possa querer o que este livro diz, já que acima foi dito que ela não tem mais nenhuma vontade?

Amor : – Razão, diz Amor, não é mais a sua vontade que o quer, mas é agora a vontade de Deus que quer nela; pois essa Alma não permanece no Amor, que a faria querer isso por meio de algum desejo; ao contrário, é o Amor que permanece nela, que tomou a sua vontade e por meio dela realiza a sua própria vontade. Assim, Amor opera nela sem ela, razão pela qual ela não tem mais nenhuma ansiedade.

Essa Alma, diz Amor, não sabe mais falar de Deus, pois está aniquilada de todos os seus desejos externos e dos sentimentos internos, e de todos os afetos do espírito, de tal forma que ela faz o que faz pela prática dos bons hábitos, ou pelos mandamentos da Santa Igreja, sem nada desejar, pois a vontade, que lhe dava o desejo, está morta.

❧ 8 ❧
Como Razão se surpreende por essa Alma ter abandonado as Virtudes e como Amor as elogia

(*Razão*): – Ah, Amor, diz Razão, que só entende as coisas grosseiras e deixa as sutilezas, que maravilha é esta?

Essa Alma não tem mais nenhum sentimento da graça nem o desejo do espírito, pois abandonou as Virtudes, que dão a maneira de bem viver a toda Alma boa, e sem essas Virtudes ninguém pode se salvar e chegar à vida de perfeição, e quem as tem não pode estar enganado. No entanto, essa Alma as abandonou. Não é ela insensata, essa Alma que assim fala?

Amor: – Por certo que não, diz Amor, pois tais Almas possuem melhor as Virtudes do que qualquer outra criatura, mas não as exercitam mais, pois não pertencem mais a elas como pertenciam; durante um longo tempo elas foram servas das Virtudes, mas agora tornaram-se livres.

Razão: – Ah! Amor, diz Razão, quando elas foram servas?

Amor: – Quando permaneceram no vosso amor e na vossa obediência, dama Razão, e também no amor e na obediência às outras Virtudes. Tanto aí permaneceram que agora tornaram-se livres.

Razão: – E quando elas se tornam livres?, diz Razão.

Amor: – Quando o Amor reside nelas e as Virtudes as servem sem nenhuma oposição e sem nenhum trabalho por parte de tais Almas.

Amor: – Contudo, Razão, diz Amor, certamente tais Almas, que se tornaram livres, conheceram em muitos dias o que a Dominação pode fazer; a quem lhes perguntasse qual o maior tormento que uma criatura poderia sofrer, elas diriam que seria permanecer no Amor e estar ainda em obediência às Virtudes. Pois é preciso dar às Virtudes tudo que elas exigem, seja qual for o custo para a Natureza. Com efeito, as Virtudes exigem honra e possessões, coração, corpo e vida. Isso significa que tais Almas abandonam todas as coisas, e, ainda assim, as Virtudes dizem a essa Alma, que lhes deu tudo, sem nada reter para confortar a Natureza, que "os justos são salvos por meio de grande dor". Por isso, essa Alma exausta, que ainda serve às Virtudes, diz que desejaria ser governada pelo Medo e atormentada no inferno até o dia do juízo final, para depois ser salva.

Essa é a verdade, diz Amor, tal é a dominação sob a qual vive a Alma na qual as Virtudes têm poder. Mas as Almas sobre as quais falamos colocaram as Virtudes em seu lugar, pois não fazem nada por elas. Ao contrário, são as Virtudes que fazem tudo o que essas Almas querem, sem dominação ou oposição, pois essas Almas são suas senhoras.

✺ 9 ✺
Como tais Almas não têm mais vontade própria

(*Amor*): – Quem perguntasse a essas Almas, serenas e pacificadas, se iriam querer estar no purgatório, elas diriam que não; se iriam querer ter nessa vida a certeza de sua salvação, elas diriam que não; se iriam querer estar no paraíso, elas diriam que não. Mas, também, como iriam querer? Elas não têm mais vontade. E se quisessem alguma coisa, se distanciariam de Amor. Pois aquele que tem sua vontade sabe o que é bom para elas e isso lhes basta, sem que elas o saibam, ou disso estejam asseguradas. Tais Almas vivem da compreensão, do amor e do louvor. Essa é a prática habitual dessas Almas, sem que elas se movam por si, pois Compreensão, Amor e Louvor permanecem nelas. Essas Almas não sabem se considerar boas ou más, não têm mais a compreensão de si mesmas, e não sabem mais julgar se estão salvas ou condenadas.

Ou, para falar brevemente, tomemos uma Alma entre todas, uma que não deseja nem despreza pobreza e tribulação, missa e sermão, jejum e oração, e que dá à Natureza tudo o que é necessário, sem remorso de consciência; mas tal natureza é tão bem ordenada pela transformação da união do Amor, ao qual a vontade dessa alma está conjunta, que a natureza não pede nada que seja proibido. Tal Alma não se preocupa por nada que lhe falte, senão no momento de sua necessidade. E ninguém perde essa preocupação, a menos que seja inocente.

Razão: – Ó, por Deus!, diz Razão, o que estais dizendo?

Amor : – Sobre isso vos respondo, Razão, diz Amor. Como já vos disse antes, e ainda vos digo, nenhum mestre dos sentidos da natureza, nem todos os mestres das Escrituras, nem todos os que permanecem no amor e na obediência às Virtudes, não entendem nem entenderão o que há para ser entendido. Disso esteja certa, Razão, diz Amor, pois ninguém o entende, somente aqueles que Amor Cortês chama. Contudo, se por acaso encontrássemos tais Almas, elas diriam a verdade sobre isso, se o quisessem. Mas não penseis que alguém pode entendê-las, senão somente aqueles que o Amor Cortês e a Caridade chamam.

Esse dom é garantido, por vezes, num átimo; e quem o tiver, que o guarde, pois é o dom mais perfeito que Deus pode dar a uma criatura. Essa Alma está na escola da Divindade, senta-se no vale da Humildade e na planície da Verdade, e repousa na montanha do Amor.

❧ 10 ❧
Como Amor nomeia essa Alma por 12 nomes para os ativos, a pedido de Razão

(*Razão*): – Ó Amor, diz Razão, nomeai essa alma por seu nome correto, dai aos ativos alguma compreensão.

Amor: – Ela pode, diz Amor, ser nomeada por 12 nomes, a saber:

- A muito maravilhosa.
- A não-conhecida.
- A mais inocente das filhas de Jerusalém.
- Aquela sobre a qual toda a Santa Igreja está fundada.
- A iluminada pela compreensão.
- A ornada pelo amor.
- A vivificada pela glória.
- A aniquilada em todas as coisas pela humildade.
- A pacificada no ser divino pela vontade divina.
- Aquela que nada deseja senão a vontade divina.
- A preenchida e saciada sem nenhuma carência pela vontade divina, por obra da Trindade.
- Seu último nome é: Esquecimento.

Amor lhe dá esses 12 nomes.

Pura Cortesia: – Certamente, diz Pura Cortesia, é bem justo que ela seja assim nomeada, pois esses são seus nomes corretos.

Razão: – Oh, Amor, diz Razão, haveis nomeado essa alma por vários nomes, para que os ativos aqui tenham alguma compreensão ao ouvirem os nobres nomes pelos quais a haveis nomeado.

✌ 11 ✌
Como, a pedido de Razão, Amor dá conhecimento sobre essa Alma aos contemplativos

(*Razão*): – Agora, Amor, diz Razão, eu vos rogo que por vossa cortesia exponhais, em nome dos contemplativos, que desejam sempre aumentar na compreensão divina, que são e permanecem no desejo do Amor, os nove pontos que essa Alma tem, sobre os quais haveis falado antes, Alma essa a quem Amor Cortês chama, em quem a Caridade reside e se assenta por meio da vida aniquilada, na qual a Alma é dissolvida pelo puro Amor.

Amor : – Razão, enumerai-os.

Razão: – O primeiro ponto que falastes é que não se pode encontrar uma tal Alma, diz Razão.

Amor : – É verdade, diz Amor. Isso quer dizer que essa Alma conhece sobre si mesma apenas uma coisa – a saber – a raiz de todo mal e a abundância de todos os pecados sem conta, sem peso e sem medida. Mas o pecado é nada, e essa alma está completamente submersa e atormentada por suas faltas horríveis, que são menos que nada e, ao ter esse entendimento, ela é menos que nada, ao estar consigo mesma; por isso podemos concluir que não se pode encontrá-la, pois tal Alma está tão aniquilada por humildade, que nenhuma criatura que tenha pecado merece um tormento tão grande, nem confusão tão infinita como ela, de acordo com seu julgamento, de tal forma que Deus iria querer se vingar de um milésimo de suas faltas. Tal humildade é a humildade perfeita e verdadeira na Alma aniquilada e em nenhuma outra.

Amor: – O segundo ponto é que essa Alma se salva pela fé sem obras.

Razão: – Ah, por Deus! diz Razão, o que isso quer dizer?

Amor: – Isso quer dizer, diz Amor, que tal Alma aniquilada tem uma compreensão tão grande dentro dela em virtude da fé, que está tão ocupada em sustentar isso que a Fé lhe administra pelo poder do Pai, pela sabedoria do Filho e pela bondade do Espírito Santo, que nenhuma coisa criada, que passa brevemente, pode permanecer em sua memória, por conta dessa outra ocupação que preenche o seu entendimento. Essa Alma não sabe mais como realizar obras, e, certamente, é assim desculpada e justificada, sem realizar obras, ao crer que Deus é bom e incompreensível. Essa Alma se salva pela fé sem obras, pois a fé sobrepuja toda obra, como o próprio Amor testemunha.

Amor: – O terceiro ponto é que ela é somente no Amor.

Razão: – Ah, por Deus, dama Amor, diz Razão, o que isso quer dizer?

Amor: – Isso quer dizer, diz Amor, que essa Alma não tem conforto, nem afeição, nem esperança em nenhuma criatura que Deus tenha criado, no céu ou sobre a terra, senão somente na bondade de Deus. Tal Alma não mendiga nem pede nada às criaturas. Ela é a fênix, que está só; pois essa Alma está só no amor, que nela se satisfaz.

Amor: – O quarto ponto é que essa Alma nada faz por Deus.

Razão: – Ah, por Deus, diz Razão, o que isso quer dizer?

Amor: – Isso quer dizer, diz Amor, que Deus não tem o que fazer com sua obra, e essa Alma nada tem a fazer senão o que Deus tem a fazer. Ela não se importa consigo mesma, somente com Deus, que a ama mais do que ela poderia amar a si mesma. Essa Alma tem uma fé tão grande em Deus que não tem medo de ser pobre, à medida que seu bem-amado seja rico. Pois a Fé lhe ensina que ela encontrará Deus na medida de sua esperança, e ela espera, pela Fé, que ele seja totalmente rico, razão pela qual ela não pode ser pobre.

Amor: – O quinto ponto é que essa Alma não deixa de fazer nada do que pode fazer por causa de Deus.

Razão: – Oh, por Deus, Amor, o que isso quer dizer?

Amor: – Isso quer dizer, diz Amor, que ela nada pode fazer senão a vontade de Deus, e assim ela não pode outra coisa querer; por isso ela não deixa de fazer nada por Deus. Pois essa Alma não deixa entrar em seu pensamento qualquer coisa que seja contra Deus e, por isso, ela nada deixa de fazer por Deus.

Amor: – O sexto ponto é que nada lhe pode ser ensinado.

Razão: – Por Deus, Amor, o que isso significa?

Amor: – Isso significa que essa Alma tem tão grande constância, que se ela tivesse o conhecimento de todas as criaturas que já existiram, que existem e que virão a existir, isso não lhe pareceria nada frente ao que ela ama, que nunca foi compreendido e jamais o será. Essa Alma ama mais aquilo que está em Deus, que nunca foi, não é e jamais será dado, do que aquilo que ela tem e teria, se tivesse toda a compreensão de todas as criaturas que existem e que virão a existir.

(*Alma*): – E ainda assim, isso é nada comparado ao que ele é em si mesmo, mas sobre isso não se pode dizer nada.

Amor: – O sétimo ponto é que dela nada pode ser tirado.

Razão: – Por Deus, Amor, diz Razão, dizei o que isso significa.

Amor: – O que isso significa?, diz Amor. O que se poderia tirar dela? Certamente nada lhe poderia ser tirado. Pois quem quer que dessa Alma tirasse honra, riqueza e amigos, coração, corpo e vida, ainda assim nada lhe tiraria, se Deus com ela permanecesse. Por isso parece que ninguém pode tirar nada dela, não importa quanta força tenha.

Amor: – O oitavo ponto é que nada lhe pode ser dado.

Razão: – Amor, por Deus, diz Razão, o que isso quer dizer, que não se pode dar-lhe nada?

Amor: – O que isso quer dizer?, diz Amor. E o que lhe poderia ser dado? Se lhe déssemos tudo o que já foi dado e o que será dado, isso não seria nada comparado ao que ela ama e amará.

O que Deus mesmo – diz a Alma – ama em mim e amará, dama Amor.

(*Amor*): – Guardai vossa reverência, diz Amor, isso não sou eu! Diremos, diz Amor aos ouvintes, que Deus prefere o mais dessa Alma que está nele do que o menos dela que está nela mesma.

Mas essa Alma diz: – Não há nenhum menos, não há nada exceto o tudo. Isso posso bem e verdadeiramente dizer.

(*Amor*): – Digo mais, diz Amor, que se essa Alma tivesse todo o conhecimento, o amor e o louvor que já foram e que serão dados à Trindade divina, isso ainda não seria nada comparado ao que ela ama e amará; mas ela jamais alcançará esse amor por meio do conhecimento.

A Alma fala ao Amor: – Ah, certamente que não, doce Amor, diz a Alma. Não alcançarei nem o menor ponto sem o mais de meu amor. Pois Deus não é outro senão aquele sobre quem nada se pode compreender perfeitamente. Pois só Ele é o meu Deus, sobre quem não se pode dizer uma palavra e a quem todos os que estão no paraíso não podem alcançar, por mais compreensão que tenham dele. E nesse mais está encerrada, diz a Alma, a suprema mortificação do amor de meu espírito, e isso é toda a glória do amor de minha alma; e o será para sempre, e de todos aqueles que venham a apreendê-lo.

Esse é um ponto fácil para se ouvir, diz essa Alma, comparado ao mais difícil, sobre o qual ninguém fala. Sobre isso quero falar, mas não sei o que dizer. Contudo, dama Amor, diz ela, meu amor é de tal qualidade que seria melhor ouvir falarem mal de vós do que nada ser dito sobre vós. E, sem dúvida, é isso que faço: falo mal, pois tudo o que digo não é senão caluniar a vossa bondade. Mas qualquer calúnia que eu diga, deve ser por vós perdoada.

Pois, senhor, fala mal de vós quem sempre fala a vosso respeito, e assim não diz jamais coisa alguma de vossa bondade. O mesmo vos digo de mim. Não parei de falar de vós, seja por perguntas ou por pensamentos, ou ao ouvir se me dizem alguma coisa de vossa bondade. Porém, quanto mais ouço falar de vós, mais estupefata fico. Pois seria para comigo uma grande vilania considerar que compreendi à medida que me disseram alguma coisa. Pois estão enganados os que nisso acreditam, porque sei, certamente, que não se pode dizer nada. Se Deus quiser, não serei jamais enganada e não quero jamais ouvir mentiras sobre a vossa divina bondade, mas que eu possa realizar o empreendimento desse livro, do qual Amor é a senhora, e que me disse para terminar todos os meus empreendimentos nele. De fato, à medida que eu, por mim, pergunte a Amor alguma coisa que lhe seja concernente, estarei comigo mesma na vida do espírito, à sombra do sol, onde não se pode ver as imagens sutis do poder de atração do amor divino e da geração divina.

E o que digo?, diz essa Alma. Certamente não saberia ainda nada, mesmo que eu tivesse tudo o que é dito, comparado ao que amo dele, que ele não dá a ninguém, exceto a si mesmo; pois isso lhe convém reter por seu direito divino. E assim digo, e é a verdade, que não me podem dar nada que possa ser. E esse lamento que me ouvis proferir, dama Razão, diz essa Alma, é meu tudo e o que tenho de melhor, entendei bem. Ah, como é doce compreendê-lo! Por Deus, entendei tudo, pois o paraíso não é outra coisa senão entender isso.

Amor : – O nono ponto, dama Razão, é que essa Alma não tem mais vontade.

(Razão): – Ah, pelo amor de Deus, diz Razão, o que dizeis? Dizeis que essa Alma não tem mais vontade?

Amor : – Ah, certamente que não. Tudo que essa Alma quer e consente é o que Deus quer que ela queira, e isso ela quer para realizar a vontade de Deus e não a sua própria vontade. E ela o quer para realizar a vontade de Deus, não por sua vontade; ela não pode querer isso por sua própria vontade, mas é vontade de Deus que o quer nela. O resultado é que essa Alma não tem mais vontade, senão a vontade de Deus, que a faz querer tudo o que ela deve querer.

◈ 12 ◈

O verdadeiro entendimento sobre o que esse livro diz em tantos lugares, que a Alma Aniquilada não tem mais vontade

(Amor): – Agora ouvi e entendei bem, ouvintes (sic) deste livro, o verdadeiro entendimento daquilo que ele diz em tantos lugares, que a Alma Aniquilada não tem mais vontade, nem é mais capaz de tê-la, nem de querer tê-la, e que com isso a vontade divina é perfeitamente realizada; e

que a Alma não tem o suficiente do amor divino, nem o Amor divino tem o suficiente na Alma, até que a Alma esteja em Deus e Deus na Alma, dele e por ele colocada em tal estado de repouso divino. Então a Alma tem toda a sua satisfação.

Entendimento da Razão: – Certo, mas parece, diz Entendimento da Razão, que o nono ponto diz o contrário, pois ele diz que a Alma Aniquilada não quer nada em relação ao que ela poderia querer, querer que ela não pode ter, pois Deus quer que ela queira que sua vontade seja nada em comparação com aquilo que a satisfaria, que nunca lhe será dado.

Razão: – Entendo nisso, diz Razão, que a Alma quer querer, e que Deus quer que ela queira um querer que ela não pode ter, e por isso ela tem uma incapacidade e nenhuma satisfação.

Entendimento da Razão: – A mim me parece, dama Amor, que esse nono ponto me faz compreender isso, contradizendo esse livro, que de fato diz que a Alma Liberada não tem mais vontade, nem pode tê-la, nem pode querer tê-la, nem a Unidade divina quer que ela a tenha, e, assim, ela tem plena satisfação em todas as coisas por meio do amor divino, como diz esse livro.

Alma: –Ah, Entendimento da Razão, diz a Alma Aniquilada, como discernis bem! Tomais a palha e deixais o grão, pois vosso entendimento é muito pequeno, motivo pelo qual não podeis perceber tão elevadamente quanto é necessário para aquele que bem quer entender o estado do qual falamos. Porém, o Entendimento do Amor Divino, que permanece e está na Alma Aniquilada e liberada, o entende bem, e sem hesitação, pois ela mesma é isso.

Sua Alteza o Entendimento do Amor: – Agora, Entendimento da Razão, diz sua Alteza o Entendimento do Amor, compreendei a rudeza de vossa incompreensão. Se essa Alma Aniquilada quer a vontade de Deus – e quanto mais ela a quer, mais ela a quereria – ela não pode tê-la, por conta da pequenez da criatura, pois Deus retém a grandeza de seu direito divino. Mas Deus quer que ela a queira e que ela tenha essa vontade, e tal vontade é a vontade divina, que dá esse estado à criatura livre. Essa vontade divina, que Deus a faz querer, corre através dela no fluxo da compreensão divina, no âmago do amor divino e na união da louvação divina. Porém, a vontade da Alma os inibe.

(*Amor*): – Portanto, como a Alma poderia ter uma vontade, já que a Compreensão Clara sabe que há um estado entre todos, o mais nobre de todos os estados, que a criatura não pode alcançar, senão por meio de nada querer?

Agora Razão ouviu, diz Amor, a resposta às suas perguntas, exceto aquela na qual ela diz que a Alma Liberada permanece insatisfeita; esse é o motivo pelo qual lhe direi em que consiste essa insatisfação. É por querer a vontade divina, pois quanto mais a queremos, menos satisfação encontramos nela. Contudo, essa mesma vontade é a vontade somente de Deus e a glória da Alma.

✌ 13 ✎
Como Razão está satisfeita com as explicações dadas acima para os contemplativos e ativos, mas ainda faz perguntas para as pessoas comuns

(*Razão*): – Agora, diz Razão, haveis sido condescendente em relação ao nosso pedido, ou seja, explicastes as coisas acima para os ativos e contemplativos; mas vos peço ainda que as expliqueis para as pessoas comuns, dentre as quais, algumas, porventura, poderão chegar a esse estado, pois há várias palavras de duplo sentido difíceis de serem apreendidas pelo intelecto delas. Se as explicardes, esse livro mostrará a todos a verdadeira luz da verdade e a perfeição da Caridade, e os que são preciosamente escolhidos e chamados por Deus e supremamente amados por Ele.

Amor: – Razão, diz Amor, onde estão as palavras de duplo sentido que me pedistes para distinguir e explicar para o benefício daqueles para os quais fazeis esse humilde pedido, e também para os ouvintes (sic) deste livro, que nomearemos "*O espelho das almas simples*, que permanecem na vontade e no desejo"?

Razão: – A isso vos respondo, dama Amor, diz Razão, que esse livro diz coisas admiráveis sobre essa Alma, pois declara – isso no sétimo capítulo – que essa Alma não se importa com vergonha nem com honra, com pobreza nem com riqueza, com tranqüilidade ou inquietude, nem com amor ou com ódio, nem com inferno ou paraíso. E com isso declara que essa Alma tem tudo e não tem nada, sabe tudo e não sabe nada, quer tudo e não quer nada, tal como está dito no nono capítulo. E assim, diz Razão, ela não deseja nem despreza pobreza, martírio ou tribulações, missas ou sermões, jejuns ou orações, e dá à natureza tudo que esta pede sem remorso de consciência.

E sem dúvida, Amor, diz Razão, isso ninguém pode entender por meu entendimento, se não o aprender por meio de vós, por vosso ensinamento. Pois meu entendimento e meu julgamento e todo meu conselho é o melhor que sei aconselhar: que se deseje desprezo, pobreza e todos os tipos de tribulações, missas e sermões, jejuns e orações, e que se tenha medo de todas as formas de amor, quaisquer que sejam, pelos perigos que lá podem existir; e que se deseje principalmente o paraíso, e que se tenha medo do inferno, e que se recuse todos os tipos de honras, e as coisas temporais, e todas as alegrias, ao negar à natureza aquilo que ela pede, exceto aquilo sem o qual ela não pode viver, a exemplo do sofrimento e da paixão de Nosso Senhor Jesus Cristo. Isso é o melhor que sei dizer e aconselhar a todos os que vivem sob minha obediência. Por isso, digo a todos que ninguém entenderá esse livro por meio de meu entendimento, a menos que o entendam pela virtude da Fé e pela força do Amor, que são minhas senhoras, pois as obedeço em tudo. Além disso, quero dizer, diz Razão, que quem quer que tenha essas duas cordas em seu arco, isto é, a luz da Fé e a força do Amor, tem permissão para fazer tudo que lhe agrade, como testemunha o próprio Amor, que diz a essa Alma: minha amada, amai e fazei tudo o que quiserdes.

Amor: — Razão, diz Amor, sois muito sábia e estais muito segura do que vos pertence, querendo ter uma resposta às palavras ditas acima. E como me pedistes para explicar o que isso quer dizer, responderei a todas as vossas perguntas. Eu vos certifico, Razão, que tais Almas, que Amor Cortês chama, consideram tanto a vergonha quanto a honra, e a honra quanto a vergonha, e a pobreza como a riqueza, e a riqueza como a pobreza, e o tormento de Deus e de suas criaturas como o conforto de Deus e de suas criaturas, serem amadas como odiadas, e odiadas como amadas, o inferno como o paraíso, e o paraíso como o inferno, a condição modesta como a elevada, e a elevada como a modesta. Verdade bem sabe que elas nem querem nem deixam de querer nenhuma dessas prosperidades ou adversidades. Pois essas Almas não têm mais vontade, exceto a que Deus quer nelas, e a vontade divina não ocupa mais essas criaturas elevadas com tais estorvos, como já descrevemos.

Amor: — Já disse acima que tais Almas consideram caras todas as adversidades do coração — para o corpo e para a alma — como consideram igualmente as prosperidades, e as prosperidades como as adversidades. E é verdade, diz Amor, que se as adversidades e as prosperidades lhes viessem, suas vontades não seriam a causa de tal fato. Assim, essas Almas não sabem mais o que é melhor para elas, nem de que maneira Deus quer encontrar sua salvação ou a salvação de seus próximos, nem por qual meio Deus quer distribuir justiça ou misericórdia, nem por qual meio Deus quer dar à Alma o dom supremo da bondade de sua nobreza divina. Por isso, a Alma Liberada não tem mais a vontade de querer, nem de não querer, exceto apenas de querer somente a vontade divina e de aceitar em paz a disposição divina.

Razão: – Ainda assim, dama Amor, acrescento uma coisa à minha pergunta; é em relação ao que esse livro diz, que essa Alma tem tudo e assim não tem nada.

Amor: – Isso é verdade, diz Amor, pois essa Alma tem Deus pela graça divina, e quem tem Deus tem tudo; e, contudo, (o livro) diz que ela não tem nada, pois tudo que essa Alma tem de Deus dentro dela pelo dom da graça divina, lhe parece nada. E assim é, em comparação ao que ela ama, que está nele, e que ele não dará a ninguém exceto a si mesmo. De acordo com esse entendimento, essa Alma tem tudo e não tem nada, sabe tudo e não sabe nada.

≈ 14 ≈
Como essa Alma tem conhecimento de Deus por meio da fé

Amor: – Ela sabe, diz Amor, pela virtude da fé, que Deus é onipotente, todo sabedoria e bondade perfeita e que Deus Pai realizou a obra da encarnação, e também o Filho e o Espírito Santo. Deus Pai uniu a natureza humana à pessoa de Deus Filho, e a pessoa de Deus Filho a uniu (a natureza humana) a si, e Deus o Espírito Santo a uniu a Deus

Filho. Portanto, o Pai tem em si uma única natureza, que é a natureza divina; e a pessoa do Filho tem em si três naturezas, isto é, a mesma natureza divina que o Pai tem, e a natureza da alma e do corpo, e é uma pessoa na Trindade; e o Espírito Santo tem em si a mesma natureza divina que o Pai e o Filho têm. Crer, dizer e pensar isso é a verdadeira contemplação; é um só poder, um só saber e uma só vontade; um só Deus em três pessoas; três pessoas e um só Deus. Esse Deus está em tudo de acordo com sua natureza divina, mas sua humanidade é glorificada no paraíso, unida à pessoa do Filho como também ao Sacramento do Altar.

❧ 15 ❧
Aqui fala-se do Santo Sacramento do Altar

Amor: – Os verdadeiros cristãos recebem essa divindade e essa humanidade quando tomam o Santo Sacramento do Altar. Como essa humanidade permanece neles, isso é ensinado pela Fé, e os clérigos o sabem.

Luz da Fé: – E para esse propósito vos diremos, diz Luz da Fé, como faremos comparações com esse Sacramento para que entendais melhor.

Tomai esse Sacramento, colocai-o num pilão junto com outras coisas e triturai esse Sacramento até que não possais mais ver nem sentir a Pessoa que aí colocastes.

Fé: – Verdadeiramente vos digo, diz Fé, que ela não está lá. Agora, portanto, podeis perguntar: "Ela partiu daí?"

Verdade: – Absolutamente, diz Verdade. Ela estava lá, mas agora não está mais (compreendei-o de maneira santa, não humana). Agora podeis perguntar se a humanidade se foi, tal como veio. Eu vos digo, diz Verdade, que a humanidade de Jesus Cristo não vai nem vem.

Tentação: – Então, o que pode ser isso?, diz Tentação.

Verdade: – Ela estava lá, quando a podíamos ver e sentir, agora não está mais, pois não a podemos ver ou sentir: assim o ordenou o poder divino. Essa mesma humanidade, que está no Sacramento do Altar, não se vê sob outra aparência, e nem os anjos, nem os santos, nem a Virgem Maria a vêem diferentemente de como a vemos. E se a vêem sob a aparência que a vemos, é por meio do entendimento do espírito. Pois ver a humanidade glorificada de Jesus Cristo no Sacramento do Altar não concerne mais à glória daqueles que estão em glória, portanto, eles não o vêem glorificado, exceto por esse entendimento.

(*A Alma de Fé*): – E nós a vemos em virtude da fé, que contradiz a razão de nossos sentidos, que não vêem senão o pão e não sentem, saboreiam ou percebem o odor de outra coisa. Mas nossa fé a tudo contradiz, pois crê firmemente, sem dúvida, que não há brancura, nem odor, nem sabor, mas o precioso corpo de Jesus Cristo, que é Deus verdadeiro e homem verdadeiro. Assim, o vemos pela fé, o que não fazem os que estão em glória, pois uma coisa glorificada não usa mais a fé, e, portanto, não o vê como nós. Assim, a divina Trindade ordenou o Santo Sacramento do Altar para alimentar, nutrir e sustentar a Santa Igreja. Tal é a disposição do Sacramento do Altar, diz a Alma de Fé iluminada pela divina Trindade, segundo a sabedoria divina e segundo o que creio, pelo poder divino.

Cortesia da Bondade do Amor: – Não vos surpreendeis, diz Cortesia da Bondade do Amor, se vos dizemos tais coisas por amor, pois posso com certeza dizer, sem que seja repreendida, que ninguém pode chegar até um fundamento profundo, nem até alta edificação, senão por meio da sutileza do grande sentido da natureza e por meio da agudeza da Luz do Intelecto do Espírito. Sobre isso não se pode saber muito interrogando a vontade divina. Pois o Intelecto, que dá a luz, mostra à Alma, por sua própria natureza, aquilo que ela ama; e a Alma recebe a aproximação e a junção pela Luz do Intelecto, e, por meio da concórdia da união no amor fértil, ela recebe o estado para o qual tende e que lhe permite alcançar o descanso e o repouso. A Alma ouve com presteza o Conhecimento e a Luz, que lhe trazem as notícias de seu amor, pois ela vem do Amor e para lá deseja retornar, para ter apenas uma vontade no Amor, e essa é somente a vontade daquele que ela ama.

❧ 16 ❧
Aqui o Amor responde à Razão sobre o que havia dito, que a Alma sabe tudo e não sabe nada

Amor : – Razão, diz Amor, em relação ao que eu havia dito, que a Alma Liberada sabe tudo e não sabe nada, vos respondo que ela sabe por virtude da fé o que lhe convém saber para sua salvação; e, deste modo, não sabe nada sobre o que Deus tem nela de si para ela, e que não dará a ninguém exceto a ela. Portanto, por meio deste entendimento, essa Alma sabe tudo e não sabe nada. Ela quer tudo, diz Amor, e não quer nada; pois essa Alma, diz Amor, deseja tão perfeitamente a vontade de Deus, que nem sabe, nem pode, nem quer em sua vontade senão a vontade de Deus, pois Amor a mantém numa forte prisão. Ao mesmo tempo, não quer nada, porque é tão pouca coisa o que ela quer e o que Deus quer nela comparado ao que ela quereria querer, que ela não pode ter o que Deus quer que ela queira. Pois sua vontade é nada, comparada ao que a satisfaria, que nunca lhe será dado e, portanto, sua vontade é a vontade de Deus, como dissemos acima. Conseqüentemente, por meio deste entendimento, esta Alma quer tudo e, contudo, não quer nada.

Amor: – Esta filha de Sião não deseja nem missas nem sermões, nem jejuns nem orações.

Razão: – E por que, dama Amor?, diz Razão. Este é o alimento das almas santas.

Amor: – É verdade, diz Amor, para os que mendigam; mas esta Alma não pede nada, pois não precisa desejar algo que esteja fora dela. Agora entendei, Razão, diz Amor. Por que ela desejaria estas coisas nomeadas acima já que Deus está com certeza em todo lugar, sem isto ou com isto? Esta Alma não tem pensamento, nem palavra, nem obra senão o exercício da graça da Trindade divina. Esta Alma não tem inquietude sobre o pecado que pode ter cometido, nem sobre o sofrimento que Deus pode ter tido por ela, nem sobre os pecados e inquietudes nos quais seus próximos permanecem.

Razão: – Deus! E o que isto significa, Amor?, diz Razão. Ensinai-me a entendê-lo, já que satisfizestes minhas outras perguntas.

Amor: – Isto significa, diz Amor, que esta Alma não pertence a si mesma, razão pela qual não pode sentir inquietude; seu pensamento está em repouso em algum lugar pacífico, na Trindade, e, portanto, ela não pode mover-se daí, nem sentir inquietude, enquanto seu amado estiver contente. Mas o fato que alguém caia em pecado e que algum pecado tenha sido cometido, responde Amor à Razão, é desagradável à sua vontade, tanto quanto à de Deus. É o desprazer dele que dá a esta Alma tal desprazer.

Entretanto, diz Amor, a Trindade não tem ansiedade em si por conta deste desprazer e assim também acontece com esta Alma que nela repousa. Mas se esta Alma, que descansa tão alto, pudesse ajudar seus próximos, ela os ajudaria com todo seu poder em suas necessidades. Porém, o pensamento de tais Almas são tão divinos que não se prendem às coisas que passam e que são criadas, que poderiam provocar pesar dentro delas, já que Deus é bom para além de qualquer compreensão.

❧ 17 ❧
Aqui Amor responde à Razão sobre o que havia dito, que estas Almas dão à natureza aquilo que ela pede

(*Amor*): – Essa Alma dá à natureza o que quer que ela peça; e é verdade, diz Amor, que essa Alma não se importa nem ama as coisas temporais, que ganharia ao recusar à natureza o que ela pede. E mais, teria escrúpulos de privar-lhe do que lhe pertence. Contudo, tais criaturas têm tal excelência que não se ousaria falar abertamente sobre elas, especialmente sobre suas práticas, por meio das quais estão em condição de ter bom entendimento; mas poucos provam de tal entendimento.

Amor: – Eu disse antes, diz Amor, que não se ousa falar abertamente sobre isso. E sem dúvida por conta do entendimento simples das outras criaturas, que, para seu próprio dano, poderiam entender mal.

Tais Almas, que são como esse livro fala, sinalizando algumas coisas de suas práticas, têm, por direito de seu ser que é puro e divino, tal condição dentro delas, que se não tivessem nada e estivessem certas de viver até o dia do Juízo, não poderiam ter, por um só momento, nenhuma ansiedade no coração por algo que lhes pudesse faltar, por todo o ouro do mundo, exceto pelo espaço que a Natureza precisa para o que é necessário, para dar-lhe o que é seu. Se estas Almas, que assim são, tivessem alguma coisa – e pouca gente sabe onde elas estão, mas é necessário que elas existam pela justa bondade do Amor, para sustentar a fé da Santa Igreja –, portanto, se elas tivessem alguma coisa e se soubessem que outros teriam mais necessidade do que elas, elas não a reteriam de forma alguma, ainda que estivessem certas de que a terra nunca mais traria o pão, o trigo ou outro sustento.

E esta é a verdade, diz Amor, ninguém duvide. Tal é sua natureza por pura justiça; essa justiça é a justiça divina, que a esta Alma deu sem medida.

Justiça Divina: – Isto é correto, diz Justiça Divina. É necessário que toda justiça seja nela realizada. E se retivesse o que é da necessidade de seu próximo, ela apenas reteria o que não possui, segundo a perfeição da paz da caridade na qual vive completamente, pois é o seu alimento próprio. E também, por que essas Almas se sentiriam culpadas em pegar o que é necessário se a necessidade lhes exigisse? Para essas Almas isso seria falta de inocência e o encobrimento da paz, nas quais tal Alma repousa de todas as coisas. Quem se sentiria culpado de tomar o que é necessário dos quatro elementos, como a claridade do céu, o calor do fogo, o efeito refrescante da água e a terra que nos sustenta? Tomamos o serviço destes quatro elementos de todas as maneiras que a Natureza precisa, sem objeção da Razão. Estes elementos foram graciosamente feitos por Deus, como as outras coisas. Assim, tais Almas usam de todas as coisas feitas e criadas das quais a Natureza necessita, em completa paz do coração, como fazem com a terra sobre a qual caminham.

(*Amor*): – Elas têm um bom fundamento, diz Amor, e um lugar elevado que as mantém em repouso de todas as coisas.

❧ 18 ❧
Como tais criaturas não sabem mais falar de Deus

(*Alma*): – Tais criaturas não sabem mais falar de Deus, pois assim como não sabem dizer onde Deus está, não sabem dizer quem Deus é. Com efeito, quem quer que fale de Deus quando quer, a quem quer e onde quer falar, deve saber sem nenhuma dúvida, diz essa Alma, que jamais sentiu o verdadeiro âmago do amor divino, que torna a Alma surpresa sem que ela o perceba. Pois o verdadeiro âmago puro do Amor divino, sem matéria criatural, é dado pelo Criador à criatura, *que tolhe completamente o uso dessa faculdade, por assim dizer*[3] e essas Almas têm o costume de muito compreender e de tudo esquecer pela sutileza do Bem-amado.

❧ 19 ❧
Como a Fé, a Esperança e a Caridade pedem ao Amor o conhecimento sobre essas Almas

(*Fé, Esperança e Caridade*): – Ó Santa Trindade, dizem Fé, Esperança e Caridade, onde estão tais Almas supremas, que são como este livro descreve? Quem são elas? Onde estão? O que fazem? Ensinai-nos sobre elas por meio do Amor, que tudo sabe, para apaziguar aqueles que se espantam ao ouvir (sic) este livro. Pois toda a Santa Igre-

---

3. Essa sentença falta no texto em francês, mas consta do texto em latim.

ja, se o ouvisse ser lido, ficaria maravilhada, dizem estas três Virtudes divinas.

(*Fé*): – É verdade, diz a própria Fé.

(*Amor*): – Na verdade, Santa Igreja, a pequena, diz Amor; essa é a Igreja que é governada pela Razão, e não Santa Igreja, a grande, diz o Amor Divino, que é governada por nós.

Amor: – Agora dizei-me, diz Amor às três Virtudes divinas, por que nos perguntais quem são essas Almas, onde estão e o que fazem? Sem dúvida, se não o sabeis, diz Amor, uma coisa que Deus criou não saberia encontrá-las. Quanto a onde elas estão, todas as três o sabeis, pois estais com elas em todos os momentos, pois sois vós que as fazeis nobres. O que elas fazem, também o sabeis. Mas quem elas são – para falar de seu valor e de sua dignidade –, isso não é sabido nem por vós nem por elas, razão pela qual a Santa Igreja não o pode saber.

Razão: – E quem o sabe? Por Deus!, diz Razão.

Amor: – Só Deus, diz Amor, que as criou e as redimiu, e talvez as tenha recriado várias vezes em prol do Amor por quem são exiladas, aniquiladas e esquecidas. Como, diz Amor, a Santa Igreja se espanta, se as Virtudes servem a essas elevadas Almas celestiais? E por que elas não o fariam? Não são todas as Virtudes louvadas, prescritas e comandadas em prol destas Almas, e não as Almas em prol das Virtudes? Como tal, as Virtudes são feitas para servir a tais Almas, e tais Almas são feitas para obedecer a Deus e para receber os dons singulares da pura cortesia de sua nobreza divina, os quais Deus não dá a nenhuma criatura que permanece no desejo e na vontade. Mas quem quer ter esses dons não deve acompanhar nem o desejo, nem a vontade, pois de outra forma não os terá.

Amor: – E por que, diz Amor, a Santa Igreja conheceria essas rainhas, filhas, irmãs e esposas do rei? A Santa Igreja só poderia conhecê-las perfeitamente se estivesse dentro de suas almas. E nenhuma coisa criada entre em suas almas, exceto aquele que as cria. Assim, ninguém conhece essas almas senão Deus, que está dentro delas.

❧ 20 ❧
Amor responde à Razão sobre o que havia dito, que ninguém conhece tais Almas exceto Deus

(*Razão*): – Ah, Amor, não vos aborreçais, mas outra questão me ocorre e, se não me responderdes, ficarei aflita. *Dizeis que ninguém entende essas almas exceto Deus que as criou*[4].

Amor: – Agora, diz Amor à Razão, dizei qual é vossa questão.

Razão: – Eu vos direi qual é, diz Razão. Este livro diz que ninguém conhece essas Almas senão Deus, que está dentro de tais Almas. Também dissestes antes que ninguém pode encontrá-las ou conhecê-las, exceto aqueles que Amor Cortês chama, mas quem quer que ache tais Almas dirá a verdade sobre isso. Assim disse esse livro anteriormente. Portanto, parece que aquelas que assim são conhecem aquelas que também são isso, se elas foram, ou se são.

Amor: É verdade, diz Amor, pois aquelas que assim são, se elas foram, ou se elas são, conhecerão suas companhei-

---

4. Há uma lacuna no texto em francês antigo, mas a frase aparece no texto em latim.

ras por suas práticas, mas ainda mais pela virtude do dom que lhes foi dado, que é singular.

Razão: Singular, diz Razão, ele é sem dúvida singular, pois ao ouvi-lo estou singularmente espantada.

Amor: – Razão, diz Amor, uma mesma palavra tem dois significados, pois se aquelas que assim são têm compreensão da prática de tais Almas, e ainda que isso fosse o estado mais perfeito que Deus dá às criaturas, nem assim tais Almas compreenderiam a dignidade dessas Almas, pois isso só Deus, que as criou, conhece.

✍ 21 ✍
Amor responde ao argumento da Razão, em defesa deste livro que diz que tais Almas abandonam as Virtudes

(*Razão*): – Agora, Amor, diz Razão, ainda vos faço uma pergunta, pois este livro diz que essa Alma abandona as Virtudes em todos os aspectos, e vós dissestes que as Virtudes estão sempre com tais Almas, mais perfeitamente do que com qualquer outra. Parece-me que estas são duas afirmações contraditórias, diz Razão. Não sei como entendê-las.

Amor: – Eu vos acalmarei, diz Amor. É bem verdade que essas Almas abandonaram as Virtudes, no que diz respeito à sua prática. Contudo, as Virtudes não as abandonaram, pois estão sempre com elas, mas em perfeita obediência a elas. Por meio deste entendimento, a Alma deixa as Virtudes e elas estão sempre com ela. Pois, se um homem serve a um mestre, ele é daquele a quem serve, mas o mestre não lhe pertence. Por vezes, acontece que o servidor ganha e aprende tanto com seu mestre que se torna mais rico e mais sábio do que ele, razão pela qual o servidor deixa o mestre para ter um outro melhor do que ele. E quando aquele que foi o mestre vê que seu antigo servidor tornou-se melhor e sabe mais do que ele, o antigo mestre permanece com ele, para obedecê-lo em tudo. Desta forma, podeis e deveis entender tudo sobre as Virtudes e tais Almas. A princípio, essa Alma fazia o que quer que Razão a ensinasse, independentemente de quanto lhe custasse ao coração e ao corpo, já que Razão era a mestra dessa alma. Razão continuamente lhe dizia para fazer tudo o que as Virtudes quisessem, sem resistência, até a morte. Assim a Razão e as Virtudes eram as senhoras dessa Alma, e essa Alma era verdadeiramente obediente a tudo que elas ordenavam, pois queria viver a vida espiritual.

Agora, essa Alma ganhou e aprendeu tanto com as Virtudes que as ultrapassou, pois tem dentro dela tudo o que as Virtudes sabem ensinar, e ainda mais, sem comparação. Pois essa Alma tem nela a senhora das Virtudes, a quem chamam Divino Amor, que a transformou em si, está unida a ela, razão pela qual essa Alma não pertence mais nem a si mesma, nem às Virtudes.

Razão: – A quem, então, ela pertence?

Amor: – À minha vontade, diz Amor, que a transformou em mim.

Razão: – Mas quem sois vós, Amor?, diz Razão. Acaso não sois uma das Virtudes conosco, mesmo que acima de nós?

Amor: Eu sou Deus, diz Amor, pois Amor é Deus e Deus é Amor, e essa Alma é Deus por condição do Amor. Eu sou Deus pela natureza divina e essa Alma é Deus pela justiça do Amor. Assim, essa minha preciosa amada é ensinada e guiada por mim, sem ela, pois ela foi transformada em mim e, por isso, diz Amor, porta o meu ensinamento.

❧ 22 ❧
Como essa Alma é comparada à águia, e como ela abandona a Natureza

(*Amor*): – Portanto, essa Alma é comparada à águia, pois essa Alma voa alto, muito alto, mais alto ainda do que todos os outros pássaros, pois foi emplumada por Amor Cortês. Ela vê mais claramente a beleza do sol, os raios do sol, o resplendor do sol e dos raios que lhe dão alimento no âmago do alto cedro.

A Alma: – Desse modo, essa Alma diz à infeliz Natureza que por muitos dias a fez permanecer em servidão: "Dama Natureza, diz ela, eu vos abandono. Amor está próxima a mim e por ela fui libertada, sem medo e contra todos".

Amor: – Essa Alma não teme as tribulações; ela não se detém por consolo, nem fica insegura pelas tentações, nem diminuída por nenhuma subtração. Ela é comum a tudo pela generosidade da pura caridade e, assim, não pede nada a ninguém pela nobreza da cortesia da pura bondade, com a qual Deus a preencheu. Durante todo o tempo ela é sóbria sem tristeza, alegre sem dissolução, pois nela Deus santificou seu nome e a Trindade divina nela tem seu lar.

Entre vós, pequenos, que na vontade e no desejo pilhais vosso alimento, desejai ser como ela é. Pois aquele que deseja o menos e não deseja o mais não é digno da menor bênção de Deus, em virtude de sua covardia, na qual se deixa cair, e assim parece que está sempre faminto.

❦ 23 ❦
Como essa Alma tem duas potências e como está inebriada por aquilo que nunca bebe

(*Amor*): – Essa Alma Liberada, diz Amor, se apóia sobre duas potências, a saber, uma à direita e outra à esquerda. Com estas duas potências essa Alma é forte contra seus inimigos, como um castelo sobre um rochedo em meio ao mar, no qual não se pode penetrar. Uma destas potências, que torna a Alma forte contra seus inimigos e que guarda os dons de sua riqueza, é a verdadeira compreensão de sua pobreza. A potência esquerda, sobre a qual se apóia sempre, é a força. E a da direita é a elevada compreensão que a Alma recebe da Deidade pura.

Sobre estas duas potências a Alma está apoiada, razão pela qual ela não se preocupa com seus inimigos, nem à direita nem à esquerda, pois está tão capturada, diz Amor, pela compreensão de sua pobreza que parece ao mundo e a si mesma totalmente dissolvida. E está tão inebriada pela compreensão do Amor e pela graça da Deidade pura, que está sempre inebriada pela compreensão e preenchida com o louvor do amor divino. E não somente inebriada por aquilo que bebeu, mas muito inebriada e mais que inebriada por aquilo que nunca bebe e que nunca beberá.

Razão: – Ah, por Deus, Amor! diz Razão, o que quer dizer isso, que esta Alma está inebriada pelo que não bebe e nunca beberá? Parece, diz Razão, à medida que entendi essas palavras, que é coisa maior para essa Alma que ela se torne inebriada por aquilo que seu bem-amado mesmo bebe, bebeu e beberá de sua própria bondade, do que por aquilo que ela bebe e beberá da beberagem divina de seu próprio tonel.

Amor: É justo, diz Amor: o mais a torna ébria, não porque ela tenha bebido deste mais, como foi dito, mas ela está assim porque seu bem-amado o bebeu, pois entre ele e ela, pela transformação do Amor, não há diferença, quaisquer que sejam suas naturezas. O Amor fez esta transformação nela por direito, que a torna inebriada pelo mais desta bebida e jamais será de outra maneira. Acontece que há varias torneiras num tonel, mas o mais claro vinho, o mais novo, o mais favorável, o mais delicioso e o mais inebriante é o vinho da torneira que está no topo. Esta é a bebida suprema, da qual ninguém bebe, exceto a Trindade. E desta bebida, sem que a beba, a Alma Aniquilada, a Alma Liberada, a Alma Esquecida está ébria, muito ébria, mais que ébria por aquilo que nunca bebeu e que nunca beberá.

Agora ouvi e entendei para maior clareza. Neste tonel da bebida divina há, sem dúvida, várias torneiras. Isto é conhecido pela humanidade que se juntou à pessoa do Filho de Deus, que bebe da mais nobre torneira depois da Trindade; e a Virgem Maria bebe da seguinte e esta nobre dama está inebriada pela mais elevada. E depois dela, bebem os ardentes Serafins, nas asas de quem essas Almas Livres voam.

Santa Igreja: – Ah, Deus, diz Santa Igreja, como é apropriado amar e gentilmente manter tal Alma, que voa assim tão alto!

Amor: – Tal Alma, diz Amor, por meio da humildade, tem a memória, o intelecto e a vontade num abismo, possui a compreensão penetrante por meio da sutileza, e é muito livre em todos os lugares pelo amor da Deidade.

❧ 24 ❧
Em que momento tais Almas estão na justa liberdade do Puro Amor

(*Razão*): – Ah, Amor, diz Razão, quando essas Almas estão na justa liberdade do Puro Amor?

Amor: – Quando elas não têm mais nenhum desejo, nem nenhum sentimento e, em momento algum, nenhuma afeição do espírito; tais práticas as escravizariam, pois estão muito distantes da paz da liberdade, onde poucos se permitem permanecer. Essas Almas também, diz Amor, não fazem nada que poderia ser contrário à paz de seu ser interior, aceitando em paz as disposições de Amor. As pessoas que assim são estão tão preenchidas, que têm dentro delas, sem mendigar fora, o sol divino, por meio do qual podem guardar a pureza do coração. E ninguém, senão elas, tem a compreensão do mais. Se elas não tivessem a compreensão disso, poderiam mendigar a parte menor e, assim, não teriam o bastante.

Tais Almas estão sós em todas as coisas e são comuns a todas as coisas, pois não perdem a liberdade de seu estado por algo que possa lhes acontecer. Pois assim como o sol tem a claridade de Deus e brilha sobre todas as coisas sem receber em si nenhuma impureza, também essas Almas têm o seu ser a partir de Deus e em Deus, sem receber nelas nenhuma impureza por coisas que vejam ou ouçam fora de si mesmas.

❧ 25 ❧
Razão pergunta a Amor se essas Almas não sentem alguma alegria dentro delas

(*Razão*): – Agora dizei-me, Amor, diz Razão, essas Almas sentem alguma alegria por algo interno ou externo a elas?

Amor: – Absolutamente, diz Amor, para responder a vossa pergunta, pois sua natureza está mortificada e seu espírito está morto. Pois toda vontade as deixou e, por isso, tal Alma vive, permanece e está, em virtude de tal mortificação, na vontade divina.

Agora, Razão, escutai para melhor compreender esta questão. Aquele que arde não tem frio, e aquele que se afoga não tem sede. Agora, diz Amor, tal Alma está tão inflamada na fornalha do fogo do Amor, que se tornou propriamente o fogo, razão pela qual não sente nenhum fogo. Pois ela é fogo em si pelo poder de Amor que a transforma no fogo de Amor. Este fogo arde por si mesmo em todos os lugares e em todos os momentos de hora sem consumir nenhuma matéria e nem é capaz de querer consumir nada além de si. Pois, quem quer que sinta algo de Deus por intermédio da matéria que vê ou ouve externamente, ou pelo esforço que faz por si, isto não é inteiramente o fogo, pelo contrário, ainda há matéria junto com tal fogo. Pois o trabalho dos homens e o desejo de ter a matéria fora de si para aumentar o amor de Deus dentro de si não é mais que cegueira em relação à compreensão da bondade de Deus. Mas aquele que arde neste fogo sem buscar a matéria e sem tê-la ou querer tê-la, vê tão claramente em todas as coisas, que aprecia as coisas de acordo com a maneira como deve apreciá-las. Pois tal Alma não tem nenhuma matéria em si que lhe impeça de ver claramente, pois está somente em si mesma, pela virtude da verdadeira humildade; e ela é comum a tudo pela generosidade da caridade perfeita, e é só em Deus pelo empreendimento divino do Amor Cortês.

∞ 26 ∞
Como essa Alma não ama nada, senão por meio do amor de Deus

(*Amor*): – Tal Alma não ama e nem amará mais coisa alguma em Deus, por tão nobre que seja, senão somente por Deus e porque Ele o quer; e ama Deus em todas as coisas, e as coisas pelo amor dele. E por tal amor essa Alma está somente no puro amor do amor de Deus. Seu conhecimento é tão claro, que ela se vê como nada em Deus e Deus como nada nela.

Agora entendei, senhores amantes, o que resta para ser entendido pela meditação do amor, sem o ouvir da criatura; pois tal meditação – que a Alma absorve no Amor, sem querer nenhum de seus dons que chamamos consolações, que confortam a Alma pelo sentimento da doçura da oração – ensina a Alma e nenhuma outra prática a ensina, exceto a do puro amor. Pois quem quisesse os confortos de Deus pelo sentimento de consolação, impediria o empreendimento do Amor Cortês.

❧ 27 ❧
Como a Meditação do Amor Puro tem somente uma intenção

(*Amor*): – A Meditação do Amor Puro tem somente uma intenção, a de que a Alma ame sempre lealmente sem querer nenhuma retribuição. E isso a Alma não pode fazer se não estiver sem si mesma, pois o amor leal não ousaria ter nenhuma consolação que viesse de sua aquisição. Sem dúvida que não. A Meditação do Amor sabe bem, por meio do melhor, que ela não deve se afastar de sua obra, que é querer perfeitamente a vontade de Deus. Ela deixa que Deus trabalhe nela e que disponha da sua vontade; pois aquele que tem vontade que Deus faça sua vontade de sentir seu conforto, não crê perfeitamente em sua bondade, mas nos dons das riquezas que ele tem para dar.

Alma: – E certamente, diz essa Alma, aquele que ama bem não se lembraria de tomar ou pedir, mas sempre quereria dar sem nada reter, para amar lealmente. Pois aquele que tiver dois propósitos numa mesma obra, um enfraqueceria o outro. Esta é a razão pela qual Amor Leal tem somente uma intenção, poder amar sempre lealmente, pois jamais duvidou do amor de seu amante, nem duvida que ele faça o que é melhor, mas duvida que ela possa fazer sempre o que deve fazer; e ela não quer senão que a vontade de Deus seja feita nela.

Amor: – Ela está certa, diz Amor, pois isso é tudo. Assim, por seu próprio poder ela nada pode querer, pois sua vontade não é mais dela ou está nela, mas naquele que a ama. E essa não é mais sua obra, mas a obra de toda a Trindade, que opera nesta Alma de acordo com sua vontade.

✍ 28 ✍
Como essa Alma nada num mar de alegria

(*Amor*): – Essa Alma, diz Amor, nada em um mar de alegria, no mar das delícias que fluem e correm da Divindade, e não sente nenhuma alegria, pois ela mesma é a alegria, ela nada e flui na alegria, sem sentir nenhuma alegria, pois ela reside na Alegria e a Alegria reside nela; ela mesma é a alegria em virtude da Alegria que a transformou em si.

Isto é, ela se regozija mais naquilo que não pode ser comunicado a ninguém do que no que pode ser comunicado, pois o último é medíocre e momentâneo, e o primeiro é infinito e eterno[5].

---

5. Há aqui uma lacuna no texto em francês, fornecida no texto em latim.

Agora há uma vontade comum, como fogo e chama, a vontade do amante e da amada, pois Amor transformou essa Alma em si mesmo.

Alma: Ah, dulcíssimo puro Amor divino, diz essa Alma, como é doce a transformação por meio da qual sou transformada naquilo que amo mais que a mim! E tão transformada sou, que perdi meu nome por amar, eu que tão pouco posso amar; e isso é no amor, pois não amo senão por meio do Amor.

❧ 29 ❧
Razão pergunta a Amor quando essa Alma está na pura liberdade de Amor

(*Razão*): – Agora, dama Amor, diz Razão, peço-vos que dizei o que significa o que dissestes, que essa Alma está na justa liberdade do Puro Amor quando não faz nada que possa contrariar a perfeita paz de seu ser interior.

Amor: – Eu vos direi como é, diz Amor. Ela não faz coisa alguma, independentemente do que lhe aconteça, que seja contra a perfeita paz de seu espírito. Assim faz o verdadeiro inocente, e o ser do qual falamos é verdadeiramente inocente.

Razão, diz Amor, vos dou um exemplo. Olhai a criança que é um puro inocente: ela faz ou deixa de fazer alguma coisa, se isto não lhe agrada?

Razão: – Sem dúvida que não, Amor, e posso percebê-lo bem; e isso satisfez minha pergunta.

❧ 30 ❧
Como Razão diz a Amor para satisfazer essa Alma dizendo tudo o que poderia falar e dizer sobre Deus

(*Razão*): – Ah, dama Amor, diz Razão, eu vos agradeço e vos peço para satisfazer essa Alma, dizendo-lhe ao menos tudo o que pode ser dito sobre Aquele Que É tudo em todas as coisas.

Amor: – Ela o sabe, diz Amor, pois o encontra sempre lá, ou seja, em todas as coisas. Pois é preciso encontrar a coisa em seu lugar, e como Ele é tudo em tudo, essa Alma o encontra em tudo. Por isso tudo lhe é conveniente, pois ela não encontra em nenhum lugar uma coisa onde não encontre Deus. Agora, Razão, por que quereis que eu satisfaça essa Alma ao lhe dizer tudo o que pode ser dito sobre Deus?

Razão: – Para que ela repouse tranqüilamente em seu estado de inocência, sem que precise agitar-se ou mover-se para ouvir falar de vós.

Amor: – Eu vos direi de boa vontade, diz Amor. Eu vos certifico, diz Amor à Razão, e asseguro, por minha palavra, que tudo que essa Alma ouviu sobre Deus, e o que se lhe pode dizer sobre Ele, na melhor das hipótese é nada (para falar apropriadamente), comparado ao que Ele é em si, que nunca foi dito, não é dito agora e nem o será; comparado a tudo que se pode dizer, tudo que já foi dito, e a tudo que poderia ser dito sobre Ele.

Amor fala à Alma: – Mais ainda, diz Amor à Alma, para aumentar vossa alegria e vossa tristeza, e para completar todas as vossas realizações: dama Alma, diz Amor, vos digo de uma vez por todas, para que não desejeis me perguntar nada mais, pois seria um trabalho inútil, que todas as criaturas, sem exceção, que permanecem e permanecerão na visão da doce face de vosso esposo, compreenderam e compreenderão menos sobre Ele do que aquilo que seria digno dele, ou daquilo que Ele fez com que fosse compreendido, amado e louvado e que Ele mesmo conhece de si, e do que se pode dizer com verdade – que não compreendemos, ou amamos, ou louvamos coisa alguma.

Alma: – Ah, Amor, diz essa Alma, que devo fazer então? Certamente nunca acreditei tanto em algo quanto no que me dizeis agora. Mas, dama Amor, uma coisa com empenho vos direi, se me for permitido.

Amor: – Agora, doce Alma, diz Amor, dizei o que quiserdes, pois a quero ouvir.

A Alma Estupefata: – Ó, dulcíssimo Amor, diz essa Alma Estupefata, por Deus! Dizei-me por que Ele seria tão cuidadoso ao me criar, me redimir e me recriar para dar-me tão pouco, Ele que tanto tem para dar? Mas a verdade é que não se ousa falar das coisas que Ele quer fazer. De fato, diz essa Alma, não sei, mas se eu tivesse algo para dar, não lhe daria tão pequena porção, eu que não sou nada, e Ele que é tudo. Certamente, não seria capaz de reter nada em relação a Ele, pois lhe daria tudo, se tivesse algo para dar. Embora eu tenha tão pouco de valor, não reteria nada em relação a Ele, nem corpo, nem coração, nem alma, e Ele o sabe bem. Agora lhe dei tudo, eu que nada tenho para dar. Está claro que eu lhe daria tudo que tivesse, se eu tivesse algo para dar. Agora Ele tomou tudo o que eu dispunha, e Ele nada me deu, mas tudo reteve. Ah, Amor, por Deus, é este o papel do Bem-amado?

Amor: – Ah, doce Alma, sabeis mais do que o que estais dizendo. E se tudo haveis dado a Ele, isso é o melhor que vos poderia advir. E mais, não daríeis a Ele nada que não fosse dele antes que o désseis a Ele. Agora considerai o que fazeis por Ele.

Alma: – Dizeis a verdade, doce Amor, diz a Alma; eu não poderia negá-lo mesmo que quisesse.

❧ 31 ❧
Como Amor acalma a Alma, pois ela deu a seu Esposo tudo o que tinha

(*Amor*): – Ah, dulcíssima Alma, diz Amor, o que quereis que Ele vos dê? Não sois uma criatura? Quereis ter de vosso Bem-amado algo que não lhe está confiado dar a vós, nem a vós receber? Acalmai-vos, doce Alma, se em mim acreditais. Ele não dá a uma criatura nada que não tenhais, e tal dom Ele o dá como convém a vós.

Alma: – Ah, dama Amor, diz essa Alma, não me dissestes isso quando vos conheci pela primeira vez. Pois vós me dissestes que entre o Bem-amado e a bem-amada não há domínio; mas há, como me parece, pois um tem tudo e o outro não tem nada em comparação ao seu tudo. Mas se pudesse corrigir isso, eu o corrigiria, pois se eu pudesse tanto quanto vós podeis eu vos amaria tanto quanto valeis.

Amor: – Ah, dulcíssima Alma, não podeis dizer mais. Acalmai-vos: vossa vontade é suficiente para o vosso Bem-amado. E isso Ele vos faz saber por meu intermédio, que tenhais fé nele, e que eu vos diga que Ele não amará coisa alguma sem vós, nem vós também sem Ele. É um grande privilégio, e isso vos basta, doce Alma, se em mim acreditais.

Alma: – Ah, dama Amor, pelo amor de Deus, calai-vos sobre isso, diz essa Alma, pois certamente eu não poderia me calar nem mesmo para salvar o mundo inteiro, se Ele pudesse ser salvo pelo meu silêncio. Pois não há coisa alguma que eu ame com mais força do que Aquele Que Me Basta. Porque se aquele que amo não me fosse suficiente, eu cairia na desintegração e no declínio por ter tão pouco amor. Contudo, mesmo assim, dama Amor, diz a Alma, uma coisa me basta, que vos direi. É que aquele que amo mais que a mim, e não amo coisa alguma senão por meio dele, tem em si o que ninguém compreende, exceto Ele mesmo. Portanto, já que o amo mais do que a mim, e Ele é a soma de todas as bênçãos e meu Senhor, meu Deus e meu tudo, Ele é todo o conforto que tenho, diz a Alma. Assim, se me incomoda o que me falta, por outro lado sinto-me reconfortada, pois nada lhe falta. Pois Ele tem em si a abundância de todos os bens sem nenhuma falta; e isso é a soma de minha paz e o verdadeiro repouso de meu pensamento, pois não amo senão por seu intermédio. Portanto, já que não amo senão por meio dele, nada me falta, o que já disse antes. Sem dúvida que não – não para um bom entendedor. Mas gostaria de falar sobre Ele, pois ninguém o fez e de bom grado eu ouviria, e dama Amor me disse a verdade, o que me acalma. Pois o melhor que me poderiam dizer é nada, em vista do que Ele é em si. Não me é mais necessário ouvir falar dele, exceto se me disserem que meu amado é incompreensível. E é verdade, pois não se pode compreender a menor coisa à qual pudéssemos compará-lo. Esta é a razão pela qual meu amor não encontra limite no amor, para ter sempre novo amor daquele que é todo amor, tão grande é. É o fim do que me poderiam dizer, e nada poderia me apaziguar, exceto o que Amor disse sobre Ele, razão pela qual digo a todos que a soma de minhas perguntas está nisso, que nada me pode ser dito sobre Ele; e esse é o amado de minha alma, diz a Alma.

❧ 32 ❧
Como Amor faz com que tais Almas permaneçam em seu senso

(*Discrição*): – Por Deus! Pensai, diz Discrição, como essas Almas permanecem em seu senso!

(*Alma*): – Bem o sei, diz a Alma. Amor as faz permanecer, ela que é a senhora da realização desta obra. Eu disse antes, diz a Alma, que nada me falta, porque meu amado tem o suficiente em si por sua justa nobreza sem início, e o terá sem fim. Por isso, o que me faltaria? Não amo a mim mesma, nem Ele, nem as suas obras, senão por Ele. E assim, é melhor para mim o que Ele tem, que não tenho nem terei jamais, do que aquilo que tenho e terei em minha possessão por meio dele.

Razão: – Provai isto, diz Razão.

Alma: – É fácil prová-lo, diz a Alma. Vede aqui a prova. Prefiro, cem mil vezes contra uma, os abundantes bens que nele permanecem do que os dons que tenho e terei em minha posse por meio dele. Portanto, amo mais o que está nele, fora do meu entendimento, do que o que está nele e em meu entendimento. Por esta razão é melhor para mim o que Ele compreende, que não compreendo, do que o que compreendo e que é meu. Lá, onde está o mais de meu amor, é onde está o mais de meu tesouro. E por isso prefiro o mais dele, que não compreenderei nunca, do que o menos, que compreenderei. O que amo mais é meu pelo mais de meu amor, como testemunha o próprio Amor. Esta é a realização, diz a Alma, do amor de meu espírito.

Ainda assim, dama Amor, diz a Alma, quero dizer que se fosse possível que uma de suas criaturas pudesse ter em si tamanho poder e vontade para me dar alegria e glória como recebem todos aqueles que estão em sua corte, se Ele não me desse propriamente de si, isso me faltaria para todo o sempre, pois não poderia recebê-lo, nem quereria recebê-lo de ninguém, exceto dele: mesmo ao custo da morte eterna! Até porque eu não poderia, já que estou tão presa a Ele que não posso querer nada sem Ele.

Doce Amor, diz a Alma, por Deus! Amparai-me, pois estou tão enlevada por Ele, e tanto, que não sei o que pedir. E o que pedirei? Sei, na verdade, que não mais do que se poderia contar as ondas do mar quando venta muito forte, não se poderia descrever ou dizer a compreensão do espírito, tão pouco Ele compreende de Deus. E isto não é surpreendente, pois o corpo é muito grosseiro para falar das realizações do espírito. Porém, como se diz no mundo, é melhor pouco do que nada. Da mesma forma vos digo, diz essa Alma, que é melhor ouvir alguém descrevendo-o e falando sobre Ele do que não ouvir nada ser dito!

✥ 33 ✥
A Alma fica perplexa quando pensa nos dons da bondade de Deus

(*Alma*): Ah, Senhor, diz a Alma, como ainda permaneço em meu senso, após ter pensado nos dons de vossa bondade, que deram à minha alma a visão do Pai, do Filho e do Espírito Santo, que minha alma verá eternamente? Uma vez que verei algo tão grande como a Trindade, a compreensão dos anjos, das almas e dos santos não me será tomada, nem a visão das pequenas coisas, quer dizer, das coisas menores que Deus!

Ah, Senhor, diz a Alma, o que fizestes por mim? Verdadeiramente, Senhor, estou totalmente perplexa em relação ao que compreendo sobre isso, de tal forma que não sei o que me torna perplexa, nem tenho outra prática, nem posso tê-la, para a continuação desta compreensão. Senhor, se eu não tiver uma outra ocasião para ficar perplexa senão aquela em que haveis dado à minha alma a visão de toda a Trindade, dos anjos e das almas – o que não haveis dado a vosso precioso corpo, que está unido à natureza do Pai na pessoa do Filho – ainda assim me surpreende poder estar viva. Mais ainda, Senhor, é algo grandioso ver os anjos e as almas a quem haveis dado a visão da vossa doce face, anjos e almas que nenhum corpo pode ver e, por razão mais forte, nenhum corpo pode ver a Trindade, já que não pode ver os anjos e as almas. Contudo, haveis dado este dom a meu espírito por toda eternidade, por todo tempo em que sereis Deus.

✆ 34 ✆
Como a Alma diz que nada pode por si

(*Alma*): Por Deus, Amor, diz essa Alma, imploro que digais o que devo fazer, pois conheceis isso e sabeis os dons da bondade de meu amado.

Amor: Isso vos direi, diz Amor, e não me pergunteis mais nada. O melhor que vos posso dizer é que, se compreendêsseis perfeitamente vosso nada, não faríeis nada, e esse nada vos daria tudo. E se não podeis vir a compreender perfeitamente vosso nada, que na verdade é tudo o que é vosso, é necessário que façais alguma coisa, o melhor que puderdes, caso contrário retrocederíeis no que concebestes em vosso espírito. Se Deus vos transformou nele, não deveis por isso esquecer vosso nada. Isso quer dizer que não deveis esquecer o que éreis quando primeiramente Ele vos criou e o que podereis vos tornar se Ele considerar vossas obras, e quem sois e seríeis se não fosse o que há dele em vós.

Alma: – Ah, Senhor, diz essa Alma, estou certa que não valho outra coisa senão minhas horríveis faltas, pelas quais sofrestes a morte para dar-me a vida. Mas, Senhor, ainda assim meu objetivo e minha esperança são, e isso é a verdade, que, se ninguém tivesse pecado senão eu somente, igualmente redimiríeis minha alma pela superabundância de vosso amor, morrendo nu na cruz por mim, usando o vosso poder ordenado para a destruição do pecado. Portanto, Senhor, tudo que sofrestes em vossa doce humanidade, o haveis sofrido por mim, assim como se ninguém tivesse pecado, senão eu somente. Por essa razão, Senhor, somente eu vos devo. E mais ainda vos devo, Senhor: com efeito, além do fato de não ter em mim nada de valor, vos devo o tanto que valeis mais que eu, para quem vos destes. E contudo, Senhor, sabeis que nada posso fazer, se assim me haveis colocado em débito convosco; mas vos rogo, doce e cortês amado, que me libereis deste débito, vós que tendes o poder de tudo fazer. E sem dúvida, Senhor, assim o fareis, diz a Alma, de tal forma que daqui para frente eu possa querer em todas as coisas a vossa perfeita vontade.

❧ 35 ❧
Como essa Alma argumenta com Razão e diz ter sido amada por Deus desde o começo

(*Alma*): – Ó, dulcíssimo Amor, diz a Alma, vos rogo, mostrai-me como minha operação é a mesma da Trindade.

Amor: – Agora dizei-me vosso pensamento, diz Amor, pois não deveis escondê-lo de mim.

Alma: – Dama Amor, diz a Alma, eu vos direi. Vós me haveis dito que aquilo que está nele por Ele, sem começo, não amará jamais coisa alguma sem mim, nem eu sem Ele.

Amor: – É a verdade, diz Amor, vos certifico.

Alma: – Então, já que eternamente Ele não amará coisa alguma sem mim, digo que, conseqüentemente, Ele nunca amou coisa alguma sem mim. E também, como Ele estará em mim para sempre por amor, conseqüentemente fui amada por Ele sem começo.

Razão: – Atenção ao que dizeis, dama Alma!, diz Razão. Esquecestes que fostes meramente criada, e que não existíeis? Por Deus, doce Alma, cuidado para não cairdes em erro!

Alma: – Se erro ao ter esta opinião, dama Razão, diz a Alma, Amor erra comigo, pois assim ela me faz crer, pensar e dizer.

Razão: – Então provai o que dizeis, dama Alma.

Alma: – Ah, Razão, diz a Alma, quão entediante sois, e como têm dor e sofrimento aqueles que vivem sob o vosso conselho! Razão, diz a Alma, se sou amada interminavelmente pelas três pessoas da Trindade, também fui amada por elas sempre, sem começo. Pois como por sua bondade Ele me amará interminavelmente, assim também estive no conhecimento de sua sabedoria para que eu fosse criada pela obra de seu divino poder. Portanto, à medida que Deus é, Ele que é sem começo, existi em seu conhecimento divino, e existirei interminavelmente, já que desde aquele tempo Ele amou, diz a Alma, por sua bondade, a obra que faria em mim por seu poder divino.

Amor: – Isto é a verdade, diz Amor, pois desde aquele tempo Ele não quis reter o amor por vós, não mais do que agora.

Alma: – Agora, Razão, diz a Alma, ouvistes o testemunho de Amor; de agora em diante permanecei calada e não palpiteis mais em meus assuntos.

Razão: – Sim, dama Alma, pois Amor vos conduz e não conduzis o Amor, isto é, já que Amor reside em vós, e realiza sua vontade em vós sem vós, eu não ousaria vos combater ou me intrometer. Ao contrário, dama Alma, de agora em diante vos prometo obediência e paz com todas as minhas forças; e porque Amor assim o deseja não posso opor-me e, portanto, rendo-me inteiramente a vós, diz Razão.

❧ 36 ❧
Como a Alma está livre e fora da sujeição à Razão

(*Alma*): – Agora os débitos estão invertidos, diz a Alma à Razão, e por bom direito, pois a nobreza da cortesia de meu esposo não permitiria que eu permanecesse sob vossa servidão, nem sob qualquer outra. Pois é preciso que o esposo liberte a esposa, que ele tomou por sua vontade.

Amor: – Esta é a verdade, dulcíssima Alma, diz Amor, eu o concedo e o confesso.

Razão: – Ah, por Deus! Dama Alma, diz Razão, vós pensais, dizeis e fazeis o que quiserdes, pois é o que Amor quer e concede.

Alma: – Ah, Razão, diz essa Alma, como sois rude! Amor quer e concede que eu diga, pense e faça tudo o que quero; e por que não o faria?, diz a Alma. Propriamente é ela que o faz, pois por mim mesma nada posso fazer, se meu amado não o fizesse em mim. E vós vos admirais, diz a Alma à Razão, que ele queira o que eu quero? A ele convém querer, pois eu não quero senão aquilo que ele quer em mim, e o que ele quer que eu queira; neste ponto ele me assegura com sua cortesia, que ele quer o que quero, e não quer o que não quero. Por isso, Razão, tenho paz, diz a Alma, pois ele e eu temos esta concordância entre nós.

Ah, dulcíssimo mestre desta obra, como posso ter tal paz, eu que reconheço tal perda em minha obra? E sem dúvida, Senhor, posso tê-la, pois vossa cortesia e vossa nobreza querem que, já que tendes paz, eu também a tenha. Assim, Senhor, compreendo bem que por este débito, isto é, porque me dais a paz, estais bem pago; pois qualquer coisa que eu encontre, que venha ou tenha vindo de meus pecados, sempre permanece em mim a vossa paz.

✐ 37 ✐
Aqui a Alma diz que no paraíso seus pecados serão conhecidos, para sua grande glória

(*Alma*): – Senhor, diz a Alma, meus pecados não podem ser conhecidos por ninguém neste mundo, tão feios e ocultos são, exceto por vós. Mas, Senhor, no paraíso, todos os que lá estiverem os conhecerão, não para meu embaraço, mas para minha grande glória; pois ao verem que com meus pecados eu vos encolerizei, sua misericórdia e sua generosidade plena de cortesia serão conhecidas.

(*Amor*): – Tal cortesia, diz Amor, dá paz de consciência a essa Alma, seja lá o que ela faça ou deixe de fazer para querer a vossa vontade, pois querer perfeitamente a vossa vontade é a caridade perfeita. E quem quer que tenha sempre a caridade perfeita em sua vontade, jamais terá remorso nem a consciência culpada. Pois o remorso ou a consciência culpada na Alma não são outra coisa senão falta de caridade; pois essa Alma não foi criada para outra coisa senão para ter em si, sem fim, o estado da pura caridade.

Alma: – Ah, Senhor, diz essa Alma, o que foi que eu disse a vosso respeito!

Amor: – Pensai sobre isso, diz Amor, e então sabereis compreender vossas palavras.

Alma: – Ah, dama Amor, diz essa Alma, vós me haveis dado a compreensão, e agora entendei. A obra é nula, quando é necessário que ela não seja nada; é preciso, diz essa Alma, que eu esteja certa de que o que eu disse é menos que nada. Porém, o que está em mim da compreensão divina, ou o que por meu intermédio passa da compreensão divina, vós mesma, dama Amor, o haveis dito em mim e por meu intermédio por sua bondade, para meu benefício e o dos outros. Por isso, se os leitores que lerão este livro não impedirem, para vós é a glória e para nós o benefício.

✌ 38 ✌
Como a Alma reconhece a cortesia de Amor ao reconhecer perfeitamente a sua própria pobreza

(*Alma*): – Ó amado sem limite e abandonado, cortês sem medida em relação a mim, assim me parece, diz essa Alma, o quanto quereis suportar! Suportar, Senhor? De fato, quereis suportar de bom grado mais do que alguém poderia dizer, pois permaneço em meu deserto, isto é, neste corpo insignificante, sem limite de tempo; e, contudo, por quanta misericórdia exista em vós, não posso recuperar a perda do tempo passado, pois é necessário, doce amado, respeitar vossa justiça. Ainda assim, não é possível que o tempo perdido retorne a mim, e que eu estivesse tão distante de vos amar, compreender e louvar.

Em quantos momentos de hora fui vã, e em quantas faltas caí, eu que estou no abismo da pobreza total! E ainda assim, como me parece, quisestes colocar o dom de tal graça, que descrevestes acima, em tal abismo de pobreza. Descrevestes?, diz a Alma. Na verdade, dama Amor, tudo o que dissestes dessa graça por meio da boca de uma criatura seria apenas um murmúrio comparado à vossa obra.

Razão: – Ah, por Deus! Dama Amor, diz Razão, bem ouvi o que foi dito e não estou disposta a ouvir mais, exceto se o entendesse perfeitamente, diz Razão. Contudo, Amor, isso não pode ser, pois somente vós, a quem esse dom é dado, o entendeis.

Amor: – De fato, diz Amor, e é dado pela pessoa do próprio Espírito Santo.

Razão: – Portanto digo, diz Razão, que não posso entender, exceto que me parece que tudo que essa Alma fez, e que vem de vós, foi muito bem-feito.

✒ 39 ✒
Como Razão quer servir e pertencer a essa Alma

(*Razão*): – Agora, dama Amor, diz Razão, vos peço, guiai-me para que eu a sirva como uma simples serva, pois entendo que não posso ter tão grande alegria, nem tão grande honra do que ser serva de tal dama.

Amor: – Eu vos confesso, diz Amor, que não podeis fazer melhor do que confessá-lo e dizê-lo.

Razão: – Ah, doce Amor, diz Razão, o que devo fazer com as pessoas que governo, que não verão nunca nenhuma regra nas práticas e atividades dessa Alma?

Amor: – Por que dizeis isso?, diz Amor. Há regra melhor do que a dessa Alma?

Razão: – Absolutamente, diz Razão, não para os que enxergam um pouco, nem para os que são escolhidos dessa maneira, mas estes são poucos na terra, ouso dizer.

Amor: – Agora, Razão, o que chamais de regra?

Razão: – Chamo de regra, diz Razão, a vida continuada de obras das Virtudes, por meu conselho e pelo de Discrição, a exemplo das obras de Nosso Senhor Jesus Cristo.

Amor: – Razão, diz Amor, o que a humanidade de Jesus Cristo sofreu, a Deidade não sentiu. Eu vos digo a mesma coisa no que concerne à Alma em seu modo de ser. Pois o que dizeis sobre as Virtudes e sobre vós, Razão, diz Amor, essa Alma não leva em conta. Ela pode fazer melhor, pois Amor, que a transformou em si, nela habita. Assim é que essa Alma mesma é Amor, e Amor não tem em si nenhuma discrição. Em todas as coisas é conveniente ter discrição, exceto no amor. Eu vos dou um exemplo. Mesmo que um senhor queira ter o tributo em sua terra porque esse direito lhe é devido, ainda assim ele nunca deve um tributo aos seus servos, mas os servos o devem ao seu senhor. Igualmente vos digo, Razão, todas as coisas me devem um tributo, mesmo que sejam as obras das Virtudes aconselhadas pela Razão, refinadas pela Discrição, exceto somente o que foi tomado pelo Amor e transformado em Amor. Esse me deve apenas amor e por isso está quites, pois amor o liberou.

♘ 40 ♘
Como e por que Amor chama essa Alma de supremamente sábia

(*Amor*): – Entre meus escolhidos, chamo essa Alma de supremamente sábia, mas uma mente pequena não sabe estimar ou compreender uma coisa de digno valor.

Razão: – Ah, dama Amor, o que chamais de sábio?

Amor: – O que está no abismo da humildade.

Razão: – Ah, Amor, diz Razão, quem é esse que está no abismo da humildade?

Amor: – Aquele, diz Amor, que em coisa alguma age errado e sabe que não tem direito a coisa alguma. Aquele que tem essa compreensão de seus erros, vê tão claro, que se vê abaixo de todas as criaturas, no mar do pecado. E porque os inimigos são escravos do pecado, e essa Alma viu por longo tempo que está abaixo deles, escrava do pecado (sem nenhuma comparação dela em relação a eles, no que concerne a ela ou às suas obras), em relação a isso essa Alma tornou-se nada e menos que nada em todos os seus aspectos. Por longo tempo ela ouviu dizer pelo Espírito Santo que Deus colocará o menor no lugar mais elevado por sua única e leal bondade.

❧ 41 ❧
Como a Alma não tem nenhuma inquietação em relação ao pecado e nenhuma esperança relacionada a qualquer bem que tenha feito

(*Amor*): — Assim, tal Alma não tem nenhuma inquietação em relação ao pecado que tenha cometido, nem esperança em alguma coisa que possa fazer, senão somente na bondade de Deus. E o tesouro secreto dessa bondade a aniquilou de tal forma internamente, que ela está morta para todos os sentimentos, de dentro e de fora, à medida que tal Alma não realiza mais nenhuma obra, nem por Deus, nem por ela, e assim a todos os seus sentidos perdeu nessa prática, a ponto de não saber como buscar ou encontrar Deus, nem como a si mesma conduzir.

Amor: — Essa Alma, diz Amor, não está mais consigo mesma, razão pela qual deve ser perdoada por tudo; e aquele em quem está faz sua obra por meio dela, e por isso ela está totalmente livre pelo testemunho do próprio Deus, diz Amor, que é quem realiza esta obra em benefício dessa Alma, que não tem mais em si nenhuma obra.

Temor: — Ah, Amor, então onde está essa Alma, que não está mais consigo mesma?

Amor: — Ela está lá onde ama, diz Amor, sem que o sinta. Desse modo, tal Alma vive sem remorso em sua consciência, porque não faz nada a partir de si mesma. Pois quem quer que faça algo a partir de seu próprio movimento não está mais sem si mesmo; ao contrário, tem a Natureza e a Razão consigo. Mas aquele, diz Amor, que morreu de amor, não sente nem compreende a Razão ou a Natureza. Tal Alma não quer nenhuma das alegrias do paraíso, tantas quantas sejam colocadas frente a ela para que escolha, nem recusa nenhum dos tormentos do inferno, mesmo que dependesse inteiramente de sua vontade.

Santa Igreja: – Ah, então o que quer, pelo amor de Deus!, diz Santa Igreja.

Amor: – O que ela é em sua compreensão, diz Amor.

Santa Igreja: – E o que é essa Alma? diz Santa Igreja. Dulcíssimo Espírito Santo, ensinai-nos, pois essa palavra supera nossas Escrituras, e assim não podemos apreender pela Razão o que ela diz. E estamos tão estupefatos, diz Santa Igreja, que não ousamos nos opor a ela.

❧ 42 ❧
Como o Espírito Santo ensina o que a Alma sabe, o que ela quer e o que ela tem

(*Espírito Santo*): – Ó Santa Igreja, diz o Espírito Santo, gostaríeis de saber o que essa Alma sabe e o que ela quer? Eu vos direi, diz o Espírito Santo, o que ela quer. Essa Alma sabe apenas uma coisa, isto é, que ela nada sabe; e assim ela quer apenas uma coisa, isto é, ela nada quer. Esse nada saber e esse nada querer lhe dão tudo, diz o Espírito Santo, e permitem que ela encontre o tesouro enterrado e oculto que está eternamente encerrado na Trindade; não através da natureza divina, diz o Espírito Santo, pois isso não pode ser, mas através da força do Amor, como é necessário que seja.

Amor: Agora, Santa Igreja, diz Amor, haveis ouvido porque essa Alma tem tudo.

Espírito Santo: – Verdade, diz o Espírito Santo, tudo o que tenho do Pai e do Filho. E como ela tem tudo o que tenho, diz o Espírito Santo, e o Pai e o Filho não têm nada que eu não tenha em mim, diz Amor, conseqüentemente essa Alma tem em si o tesouro da Trindade, oculto e encerrado dentro dela.

Santa Igreja: – Contudo, já que é assim, diz Santa Igreja, é preciso que a Trindade habite e viva nela.

Espírito Santo: Está correto, diz o Espírito Santo, pois como ela está morta para o mundo e o mundo está morto nela, a Trindade viverá nela para sempre.

❧ 43 ❧
Como essas Almas são chamadas de Santa Igreja, e o que a Santa Igreja pode dizer sobre elas

(*Santa Igreja*): – Ó verdadeiro Deus, Santo Espírito!, diz Santa Igreja.

Amor: É verdade, ó Santa Igreja, que estais abaixo desta Santa Igreja! Pois tais Almas são propriamente chamadas de Santa Igreja, porque sustentam, ensinam e nutrem toda a Santa Igreja. E não propriamente elas, mas a Trindade dentro delas. Essa é a verdade, diz Amor, e que ninguém duvide.

Ó Santa Igreja que estais abaixo desta Santa Igreja, agora dizei, diz Amor, que quereis dizer sobre essas Almas, que são assim recomendadas e louvadas para além de vós, vós que fazeis tudo de acordo com os conselhos da Razão?

Santa Igreja: – Queremos dizer, diz Santa Igreja, que tais Almas estão numa vida acima de nós, pois Amor nelas permanece e a Razão permanece em nós; mas isso não é contra nós, diz Santa Igreja a Pequena, ao contrário, pois a recomendamos e a louvamos por meio do sentido oculto de nossas Escrituras.

Razão: – Mas, dama Amor, diz Razão, por favor, nós gostaríamos de entender melhor, mais claramente, o dom que o Espírito Santo dá a essas Almas por sua pura bondade, mas que a ninguém faça mal, em virtude de sua rudeza, ouvir essa divina lição.

Amor: – Ah, Razão, sempre tereis a visão de um só olho, vós e todos os que são nutridos por vossa doutrina. Pois aquele que vê as coisas diante de seus olhos e não as compreende, tem a visão de um só olho, e assim acontece convosco.

Espírito Santo: – Se eu disse, diz o Espírito Santo, que darei a essa Alma tudo o que tenho, assim darei, diz o Espírito Santo. Pois assim lhe foi prometido por toda a Trindade, tudo o que temos, e concedido por sua bondade no conhecimento de sua sabedoria sem começo. E assim é certo que não retenhamos dessas Almas qualquer coisa que tenhamos. Pois essa Alma, diz o Espírito Santo, nos deu tudo, o que quer que para ela tivesse valor. E assim, o que temos, nós demos a ela, por maneira de dizer. Pois diz-se, e é verdade, que a vontade boa é conhecida pelas obras. E essa Alma, diz o Espírito Santo, é de tal condição que se ela tivesse em si o mesmo que temos, ela nos devolveria, completamente como fizemos, sem querer nada no céu ou na terra, mas apenas por nossa vontade. Portanto, nós temos tudo, diz o Espírito Santo, pelo direito de nossa condição divina, e essa Alma nos dá tudo por meio da vontade, que está encerrada no amor, sem medida. Como essa Alma nos deu tudo o que tem e tudo o que é (que ela não tem mais por mediação da vontade), é preciso, diz o Espírito Santo, darmos a ela o que temos por direito do amor. E assim, temos em nós o que temos pela natureza divina, diz o Espírito Santo, e essa Alma o tem em si por direito do amor.

Santa Igreja: – Ah, Senhor, diz Santa Igreja, nós entendemos e de fato acreditamos que vossa digna nobreza deu-lhe tal dom em recompensa de amor, pois Amor não pode ser suficientemente recompensado, exceto no amor.

Amor: – Essa Alma, diz Amor, por muito tempo viu e soube que não há maior discernimento que a temperança, nem riqueza maior que a suficiência, nem força maior que o amor. Essa Alma, diz Amor, tem a memória, o intelecto e a vontade completamente no abismo do ser uno, isto é, em Deus. E tal estado lhe dá o ser, sem que ela saiba, nem sinta, nem queira qualquer estado, exceto somente o disposto por Deus. Essa Alma, diz Amor, em muitos dias, enlanguesceu de amor.

❧ 44 ❧
Que práticas tem a Alma que enlanguesceu de amor, e em que ponto a Alma morreu de amor

(*Razão*): – Ah, dama Amor, quais são as práticas da Alma que enlanguesceu de amor?

Amor: – Ela guerreia os vícios, diz Amor, ao adquirir as virtudes.

Alma: – Ah, doce Amor, diz essa Alma, quão grande e perigosa é esta guerra! E sem dúvida, diz essa Alma, devemos chamar uma vida de tal esforço de languidez e vida de guerra.

Amor: – Ela tanto enlangueceu de amor que, agora, morreu de amor.

Razão: – Ah, Amor, diz Razão, pelo amor de Deus, dizei-nos em que ponto está a Alma que morreu de amor.

Amor: – Ela pôs fim ao mundo, diz Amor, e o mundo abandonou-a e pôs fim a ela; e como ela vive em Deus, nem pecado nem vício podem encontrá-la. Ela está tão oculta e localizada em Deus, que nem o mundo, nem a carne e nem os inimigos podem feri-la, pois não podem encontrá-la em suas obras. Assim, tal Alma vive no repouso da paz, pois não precisa de coisa alguma que tenha sido criada. E em virtude de ter tal paz, ela vive no mundo sem nenhum remorso.

Razão: – Tal Alma, portanto, diz Razão, não tem mais vontade; tal estado deveria ser o nosso estado, pois não temos nenhum mérito frente a Deus, exceto se deixarmos nossa vontade em prol da vontade dele e à medida que dermos completamente a nossa vontade, sem nada querer, senão somente de acordo com a medida de sua obra, segundo a disposição de sua bondade.

Alma: – A isso me atenho, por isso nada me falta, pois não quero nada. Pois nenhuma Alma tem paz perfeita, senão aquelas que não têm mais vontade.

Amor: – O que sabeis, dama Alma?, diz Amor.

Alma: – Com certeza assim é, dama Amor, diz essa Alma, pois o experimentei por certos testes, e por pouco não morri por isso. E assim estaria, se o nada querer não tivesse me impulsionado para fora, por meio da escola da bondade divina. Aquele que não tem mais vontade não quer coisa alguma. Somente esse, e nenhum outro, deu sua vontade, e não tem com o que querer, senão com a vontade daquele a quem deu sua vontade.

❧ 45 ❧
Como aqueles que não têm mais vontade vivem na liberdade da caridade

(*Amor*): Tal gente, que não tem mais vontade, vive na liberdade da caridade. Quem quer que lhes pergunte o que querem, na verdade, eles diriam que nada querem. Tal gente chegou à compreensão de seu nada, ou seja, se neles estivesse qualquer coisa não poderiam compreender coisa alguma de seu nada, pois sua compreensão seria muito pequena para compreender tal perda. Eles alcançaram a crença no que os ultrapassa, e a compreensão de tal crença consiste em que não se pode compreender nada sobre isso.

Razão: – Nada?, diz Razão.

Amor: – Não, diz Amor. Pois se pudéssemos compreender tanto quanto compreenderíamos no paraíso, e ainda tanto quanto ao fazer uma comparação com algo que pudéssemos compreender por partes ou de outro modo, ainda assim, tudo que compreenderíamos seria nada. Em relação a essa compreensão, esse nada não seria algo que poderíamos comparar, ainda que não colocássemos nessa comparação nem o seu poder, nem a sua sabedoria, nem o seu conhecimento, nem a sua bondade. Isso seria apenas uma centelha de sua pura bondade e ainda não seria nada. Portanto, quem quer que o compreendesse para além do que jamais compreenderemos sobre ele, como foi dito nessa comparação, ainda assim essa compreensão não seria nada, em vista da menor parte que permanece nele, que não é compreendida senão por ele. Dito de outra forma, para que melhor se entenda, quem compreendesse tudo o que é dito sobre ele, isso ainda seria nada comparado à grande compreensão que permanece nele, além de nossa compreensão. Na verdade, a mínima parte de sua bondade que poderíamos comparar, por assim dizer, ainda não seria nada comparada à grandeza da menor parte de sua bondade; seria menos ainda do que uma centelha, comparada ao todo dele.

Alma: – Ó Senhor Deus, diz essa Alma, que fará essa Alma que crê nisso a vosso respeito?

Deus: – Não fará nada, diz Deus; mas eu farei minha obra nela, sem ela. Pois a compreensão de seu nada e a crença em mim a reduziram a tal nada que ela não pode fazer coisa alguma. Assim, a compreensão desse nada, comparada à grandeza desse tudo, a perdoa e libera totalmente, pois nada lhe falta porque ela nada quer.

❧ 46 ❧
Como a Alma tem a compreensão do mais, porque, de acordo com sua opinião, ela nada compreende de Deus, em comparação ao mais dele

(*Amor*): – Agora essa Alma caiu e chegou à compreensão do mais; de fato, mas somente no sentido em que ela não compreende nada sobre Deus, em comparação ao todo dele.

Razão: – Ah, com efeito! diz Razão, ousa-se chamar nada uma coisa que pertence a Deus?

Alma: – Sim, certamente!, diz essa Alma. E sabeis como? Na verdade, o que quer que nos seja ou que nos será dado por ele é de fato nada. Suponhamos que ele nos dê o que está mencionado acima nesse escrito. Por comparação, se isso pudesse ser verdade, isso ainda seria nada comparado a uma só centelha de sua bondade, que permanece em sua compreensão, fora de nossa compreensão.

Alma: – Oh, diz essa Alma, o que seria então o todo dele, já que se pode falar tão bem do menos dele? Ah, dulcíssimo amado, diz essa Alma, isso somente vós o sabeis e isso me basta.

❧ 47 ❧
Como a Alma chegou à compreensão de seu nada

(*Amor*): – Agora haveis ouvido como essa Alma chegou à crença no mais. Agora vos direi, diz Amor, como ela chegou à compreensão de seu nada. É que ela compreende que nem ela nem os outros compreendem nada de seus horríveis pecados e faltas, em comparação ao conhecimento de Deus sobre eles. Tal Alma, diz Amor, não manteve nenhuma vontade, mas, ao contrário, chegou e caiu no nada querer e no conhecimento certo de nada saber. Esse nada saber e nada querer a perdoaram e liberaram. Tal Alma, diz Amor, segue o conselho do Evangelho, que diz: "Tende o olho simples e então não pecareis".

Assim essa Alma está tranqüila em tudo que Deus suporta de sua parte, pois tem um entendimento verdadeiro em tudo que entende e um repouso tranqüilo frente às ações de seus próximos. Pois sobre tudo que não entende, ela não faz nenhum julgamento que não seja sempre bom.

Essa Alma tem paz em todos os lugares, pois leva a paz sempre consigo, e por causa dessa paz todos os lugares lhe são convenientes, bem como todas as coisas. Assim essa Alma senta-se, sem se mover, no trono da paz, no livro da vida, sob o testemunho da boa consciência e na liberdade da caridade perfeita.

❧ 48 ❧
Sobre como a Alma que deseja que a vontade de Deus seja feita nela para sua própria honra, não é livre

(*Amor*): – Conseqüentemente a Alma nada quer, diz Amor, porque ela é livre; pois não é livre aquele que quer algo por sua vontade interna, seja lá o que queira. Pois é servo de si mesmo aquele que tem vontade que Deus faça sua vontade nele para sua própria honra. Aquele que quer isso, não o quer senão para realizar, em si e nos outros, somente a vontade de Deus. Para tal gente, Deus recusa o seu reino.

Razão: – Ah, sem dúvida, diz Razão, assim eles o fariam.

Alma: – De fato, eles assim o fariam. Verdadeiramente, diz essa Alma, pois eles assim deveriam fazer, ou perderiam o pouco ganho que têm.

Razão: – É verdade, dama Alma, eu vos confesso.

Amor: – Tal gente, diz Amor, está mal apaziguada, não importa o quanto pensem estar apaziguados, e por assim pensar, lhes basta o seu estado.

Alma: – Eles não têm bastante valor, diz essa Alma, para pensar que há alguém maior que eles. Isso os impede de chegar ao melhor e, assim, permanecem em seus bons desejos.

Amor: – Eles nunca estarão satisfeitos, tal gente, diz Amor.

Alma: – Certamente que não, diz essa Alma, pois enquanto a vontade permanece neles, são servos de suas vontades. Em tal servidão, diz essa Alma, entra aquela Alma que dá todo o crédito a essas duas Virtudes, a saber, Razão e Temor, e a essa insaciável Vontade. Mas só é livre, diz essa Alma Liberada, aquela que Fé e Amor governam, pois elas a removem de toda servidão, sem medo das coisas perigosas, e sem desejar nenhuma das coisas muito agradáveis.

❧ 49 ❧
Como tal Alma, que não tem mais vontade, é nobre

(*Amor*): – Tal Alma não tem mais vontade, e por isso não se importa com o que Deus faz, mas somente que Ele faça sempre a sua vontade. Pois essa Alma, diz Amor, está liberada e contente. Não lhe faltam nem inferno, nem paraíso, nem coisa criada. Ela nem quer nem não quer nada que possa ser nomeado aqui.

Santa Igreja, a Pequena: – Mas, por Deus, então o que ela quer?, diz Santa Igreja, a Pequena.

Amor: – Nada, diz Amor, ela não quer nada. Mas dizer isso parece bem estranho para aqueles que querem grandes rendas das multiplicações do amor. Isso não é surpreendente; por certo, ninguém desse tipo poderia pensar ou crer que grande dano é para eles considerar isso uma coisa estranha.

Alma: – Tal gente, diz essa Alma, é tão cega, que uma coisa grande lhes parece pequena.

Amor: – O que dizeis é verdade, doce Alma, diz Amor. Pois assim como a obra de Deus tem mais valor do que a obra da criatura, do mesmo modo o nada querer em Deus tem mais valor do que querer o bem por Deus. Na verdade ainda, suponhamos que ao querer esse bem eles pudessem realizar milagres e receber a cada dia o martírio por amor de Deus; ainda assim, não haveria aqui comparação possível, pois a vontade permanece. E não haveria, de fato, diz Amor, mesmo se eles fossem arrebatados aos céus a cada dia para ver a Trindade por conta de tal vontade, como foi São Paulo, o apóstolo.

❧ 50 ❧
Como essa Alma está impressa em Deus assim como a cera de um selo

(*Amor*): – Essa Alma está impressa em Deus, e tem sua verdadeira marca mantida por meio da união do amor. E da maneira como a cera toma a forma do selo, assim também essa Alma tomou a forma de seu verdadeiro exemplar.

Alma: – Com efeito, por mais que Deus nos ame, diz essa Alma, como mostrou por meio das obras divinas e pelos sofrimentos humanos, Ele não nos amou em contradição consigo mesmo; e se Ele morreu por nós e se revestiu da carne humana, isso foi de acordo consigo mesmo, como testemunho de sua bondade, que me devia isto, pois a vontade divina o queria. Contudo, diz essa Alma, Ele não nos ama em contradição consigo mesmo. Pois se tudo o que a Trindade criou em sua sabedoria devesse ser condenado à danação sem fim, Jesus Cristo, o Filho de Deus, não teria sido tomado da verdade para nos salvar a todos.

Ah!, diz essa Alma, de onde me vem isso que eu disse? Não sabem todos que isso não pode ser?

Amor: – Sim, doce amada, diz Amor, meus amigos sabem bem que isso não pode ser.

(*Pessoa de Deus Pai*): – Mas vós o dissestes, vós que sois minha amada querida, diz a pessoa de Deus Pai, porque assim deve ser minha filha primogênita, que é herdeira de meu reino, que sabe os segredos do Filho por meio do amor do Espírito Santo, que de si os deu a essa Alma.

✌ 51 ✌
Como essa Alma é semelhante à Deidade

(*Amor*): – É necessário, diz Amor, que essa Alma seja semelhante à Deidade, pois ela está transformada em Deus, diz Amor, razão pela qual ela reteve sua verdadeira forma, que lhe é garantida e dada desde o começo pelo uno, que a amou sempre por sua bondade.

Alma: – Ah, Amor, diz essa Alma, a sabedoria do que é dito reduziu-me a nada, e o nada sozinho me colocou num abismo sem medida abaixo de menos que nada. E a compreensão do meu nada deu-me tudo, e o nada desse tudo levou de mim orações e preces, e não oro por nada.

Santa Igreja, a Pequena: – E o que fazeis, então, nossa dulcíssima dama e mestra?, diz Santa Igreja, a Pequena.

Alma: – Repouso totalmente em paz, diz essa Alma, sozinha, reduzida a nada e tudo somente na cortesia da bondade de Deus, sem me mover por nenhuma vontade, quaisquer que sejam as riquezas que existam nele. O objetivo de minha obra, diz essa Alma, é sempre nada querer. Pois à medida que não quero nada, diz essa Alma, estou somente nele sem mim, e totalmente liberada. Se eu quisesse algo, diz ela, estaria comigo e, assim, perderia a liberdade. Mas quando não quero nada e perdi tudo para além de minha vontade, nada me falta. Estar liberada é minha conduta. Não quero nada de ninguém.

Amor: – Ó preciosa Esther, diz Amor, que perdeu todas as práticas e por essa perda tem a prática de nada fazer, verdadeiramente sois muito preciosa. Pois na verdade, essa prática e essa perda são realizadas no nada de vosso amado, e nesse nada, diz Amor, estais perplexa e permaneceis morta. Mas viveis plenamente, amada, na vontade dele, diz Amor; esse é o seu aposento, e lá lhe agrada permanecer.

✌ 52 ✍
Como Amor louva essa Alma e como ela permanece nas abundâncias e afluências do amor divino

Amor: Ó bem-nascida, diz Amor a essa preciosa pérola (*marguerite*)[6], sede bem-vinda ao único pequeno castelo li-

---

6. Embora Marguerite Porete não se nomeie ao longo do texto, aqui ela pode estar discretamente assinando sua obra. Nas traduções em francês moderno, a palavra *marguerite* é traduzida como pérola e, assim, se perde totalmente a referência ao nome da autora. A imagem da *marguerite* era um *topos* na Idade Média e aparecia na poesia do século XIV como flor, simbolizando, por suas cores e feminilidade, a pureza, a alegria e a modéstia; como pérola, ela traduzia a excelência e a virtude da mulher plena de graça divina. "Sua utilização em Marguerite Porete revela uma propensão à polissemia que, embora corrente na literatura mística da Idade Média, é multiplicada pela tendência auto-interpretativa do texto. A exploração do sintagma *precieuse marguerite* é exemplo de um discurso onde a interpretação é tanto oculta quanto revelada por toda uma rede de referências intratextuais. Os diferen-

vre, no qual ninguém entra se não for de vossa linhagem, sem bastardia[7].

Essa Alma, diz Amor, entrou nas abundâncias e afluências do amor divino, não por ter alcançado a compreensão divina, pois nenhum entendimento, seja quão iluminado for, pode alcançar as afluências do amor divino. Mas o amor de tal Alma está tão unido às afluências do mais desse excesso de Amor divino (não por realização do Entendimento do Amor, mas por realização de seu amor extremo), que está adornada com os ornamentos dessa paz absoluta, na qual vive, permanece, está, esteve e estará sem ser.

Pois, diz Amor, assim como o ferro é revestido pelo fogo e perdeu sua própria forma porque o fogo é mais forte e o transformou em si, assim também essa Alma é revestida com esse mais, nutrida e transformada nesse mais, por meio do amor desse mais, sem dar importância ao menos. Assim ela permanece e é transformada nesse mais da absoluta paz eterna, sem que ninguém a encontre. Essa Alma ama na doce paragem da paz absoluta e não há nada que possa ajudar ou importunar aqueles que lá vivem, nem criatura criada, nem coisa dada, nem nada que Deus assegure.

Razão: – E então?, diz Razão.

---

tes níveis de interpretação não são nunca hierarquizados, mas, ao contrário, estão simultaneamente presentes. A utilização de *precieuse marguerite* é ao mesmo tempo metafórica e literal. A alma é ao mesmo tempo comparada à pérola e designada como tendo seu nome (Marguerite) e sua identidade própria", que, ao final, ela perde. Cf. MÜLLER, Catherine M. *Marguerite Porete et Marguerite d'Oingt de l'autre coté du Mirouer*, 1999: 86/87.

7. Na poesia cortês, a locução "de boa linhagem" designa o grau nobre que a dama possui por nascença. No mundo feudal, a linhagem, ou seja, a família, a raça, a descendência, criava obrigações para o cavalheiro. Além da linhagem de seu pai, o homem devia respeitar a linhagem de sua mãe ou de sua esposa, que lhe traziam novas obrigações. O valor da noção feudal foi mantido na poesia cortês. Consciente do respeito devido à família da dama, o trovador assinalava a sua ascendência ilustre.

Amor: – O que nunca foi dado, não é e nem será, a tornou nua e a colocou no nada, sem que ela se importe com o que quer que seja, e ela não deseja ajuda ou proteção, nem de seu poder, nem de sua sabedoria, nem sua bondade.

A Alma fala de seu Amado e diz assim. – Ele é, diz essa Alma, e nada lhe falta; eu não sou e também nada me falta; e ele me deu paz e vivo apenas da paz, que nasceu de seus dons em minha alma, sem pensamento; nada posso se não me é dado. É meu tudo e meu melhor. E tal estado faz existir um amor e um querer e uma obra em duas naturezas. A aniquilação pela unidade da justiça divina tem tal poder.

(Amor): – Essa Alma deixa os mortos enterrarem os mortos, e os tristes operarem segundo as virtudes, e assim descansa do menos no mais, mas se serve de todas as coisas. Esse mais lhe mostra seu nada, nu, sem cobertura; tal nudez lhe mostra o Todo-poderoso, por meio da bondade da justiça divina. Essas considerações a tornam profunda, larga, elevada e segura, pois a fazem sempre nua, tudo e nada, à medida que a mantêm em seu domínio.

✎ 53 ✎
Como Razão pede explicação do que foi dito acima

(Razão): – Ó doce Alma aprofundada no abismo, diz Razão, no fundo sem fundo da humildade total, nobre rocha na vastidão da planície da verdade, a única suprema, exceto por aquelas de vosso âmbito. Eu vos peço que nos dizei o que significam as palavras obscuras que Amor Cortês menciona.

Alma: – Razão, diz essa Alma, se alguém vos dissesse e se vós ouvísseis, ainda assim não o entenderíeis. Assim vossas perguntas desonraram e gastaram esse livro, pois muitos o teriam entendido com poucas palavras. Vossas perguntas o fizeram longo em virtude das respostas que vos eram necessárias, para vós e para aqueles que haveis nutrido, que se movem no ritmo da lesma. Haveis revelado esse livro para aqueles de vossa espécie, que se movem no ritmo da lesma.

Amor : – Revelado?, diz Amor. De fato, nesse sentido Razão e todos os de sua escola não podem protestar que não lhes parece bem dito, o que quer que tenham entendido sobre isso.

Alma: – É verdade, diz essa Alma, pois só o entendem aqueles que Amor Cortês rege; e assim é necessário que quem o compreenda perfeitamente esteja morto por todas as mortes mortificantes, pois ninguém aprecia essa vida se não estiver morto por todas as mortes.

54

Razão pergunta quantas mortes é preciso que a Alma morra antes que se entenda esse livro

(*Razão*): – Ah, tesoureira do Amor, diz Razão, dizei-nos quantos tipos de morte é preciso morrer antes que seja possível entender perfeitamente esse livro.

Alma: – Perguntai a Amor, diz essa Alma, pois ela sabe a verdade.

Razão: – Oh, dama Amor, por Deus, diz Razão, dizei-nos, não somente por mim e por aqueles que nutri, mas também por aqueles que se libertaram de mim, aos quais, se Deus quiser, esse livro trará a luz.

Amor: – Razão, diz Amor, aqueles que se libertaram de vós ainda terão algo a fazer com vossa nutrição, pelos dois tipos de morte que essa Alma morreu. Mas a terceira morte que essa Alma morreu, nenhum vivente a entende, exceto aquele que é da montanha.

Razão: – Por Deus, diz Razão, dizei que tipo de gente é essa da montanha?

Amor: – Eles não têm sobre a terra nem vergonha, nem medo de coisa alguma que lhes advenha.

Razão: – Ah, Deus, dama Amor, diz Razão, pelo amor de Deus, respondei as nossas perguntas antes de dizerdes mais, pois tenho horror e medo de ouvir a vida dessa Alma.

❦ 55 ❦
Como Amor responde às perguntas de Razão

(*Amor*): – Razão, diz Amor, aqueles que vivem como diz esse livro (esses são os que alcançaram o estado de tal vida) o entendem rapidamente, sem que seja necessário explicar os sentidos. Mas esclarecerei alguma coisa de vossas perguntas. Portanto entendei.

Há dois tipos de pessoas que vivem a vida de perfeição por meio das obras das virtudes, na afeição do espírito.

Há uns que mortificam completamente o corpo ao realizar as obras de caridade; e possuem um prazer tão grande em suas obras que não têm mais nenhuma compreensão de que pode haver um estado melhor do que o estado das obras das virtudes e da morte por martírio, unido ao desejo de perseverar nisso com a ajuda da oração cheia de pedidos, acrescido da boa vontade, sempre com o propósito de reter o que têm, como se isso fosse o melhor dos estados possíveis.

Tal gente é feliz, diz Amor, mas perecem em suas obras, por achar que seu estado é suficiente.

Tais pessoas, diz Amor, são chamadas de reis, mas estão em um país onde todos têm somente um olho. Mas, sem dúvida, aqueles que têm dois olhos os consideram como servos.

Alma: Pois servos eles certamente são, diz essa Alma, mas não o compreendem. Eles se assemelham à coruja, que pensa que não há nos bosques pássaro mais belo que as jovens corujas. O mesmo acontece, diz essa Alma, com os que vivem em permanente desejo. Pois eles pensam e acreditam que não há estado melhor do que o estado de desejo no qual vivem e querem viver. Por isso, eles perecem no caminho, pois estão satisfeitos com o que o desejo e a vontade lhes dão.

✐ 56 ✐
Como as Virtudes reclamam de Amor, que lhes oferece tão pouca honra

As Virtudes: – Ah, Deus, com efeito!, dizem as Virtudes. Dama Amor, quem nos trará honra já que dizeis que os que vivem totalmente sob nosso conselho perecem? E verdadeiramente, se alguém nos dissesse tal coisa, dizem as Virtudes, nós o consideraríamos um herege[8] e um mau

---

8. A palavra original utilizada por Marguerite Porete é *bougre*, que, como explica Longchamp, designava originalmente os membros de uma seita maniqueísta originária da Bulgária, no século X. Depois a palavra foi ligada aos cátaros e aos albingenses e, finalmente, passou a designar os membros da seita conhecida como "Livre Espírito". Em todos os casos a conotação de herege acompanha a palavra. Porete tenta, portanto, demarcar sua posição contra uma possível confusão.

cristão. Assim não podemos entender que alguém que faça tudo de acordo com nosso ensinamento possa perecer, com o ardor do desejo que dá o verdadeiro sentimento de Jesus Cristo; contudo, acreditamos perfeitamente e sem nenhuma dúvida em tudo que dizeis, dama Amor.

Amor: – É verdade, diz Amor, mas a maestria está no entendimento, pois lá está o grão do alimento divino.

As Virtudes: – Nós acreditamos, Amor, dizem as Virtudes, mas não é nossa obrigação entender isso. Estamos, de fato, liberadas dessa obrigação se cremos em vós, qualquer que seja o nosso entendimento, pois somos feitas por vós para servir tais Almas.

Alma: – Ah, sem dúvida, diz essa Alma para as Virtudes, isso é bem dito, em vós se deve bem crer. E por isso digo a todos os que ouvirão esse livro: quem quer que sirva um senhor pobre por longo tempo, espera pobre recompensa e pequeno soldo. Portanto, é assim que as Virtudes compreenderam e perceberam (ouvido por todos os que quiseram ouvir) que não apreenderam nada sobre a essência do Amor Cortês. E assim digo, diz essa Alma: como as Virtudes ensinarão a seus pupilos o que elas não têm e jamais terão? Mas quem quer que queira entender e aprender como perecem os que permanecem nas Virtudes, devem perguntar a Amor.

De fato, devem inquirir Amor, que é a mestra da Compreensão, não Amor que é filha da Compreensão, pois ela nada sabe sobre isso. Mas, melhor ainda, que se pergunte a Amor, que é mãe da Compreensão e da Luz Divina, pois ela sabe tudo por meio do mais do todo no qual essa Alma se imobiliza e permanece, não podendo fazer outra coisa senão permanecer no todo.

❧ 57 ❧
Sobre aqueles que estão no estado de tristes e como eles são servos e mercadores

(*Amor*): – Haveis ouvido sobre aqueles que pereceram, e em que coisa, por qual coisa e por quê. Agora falaremos também sobre aqueles que são tristes, que são servos e mercadores; contudo, eles agem mais sabiamente do que os perecidos.

Alma: – Ah, por amor, dama Amor, diz essa Alma, vós que tornais todas as coisas fáceis, dizei-nos por que eles permanecem nas Virtudes assim como os perecidos, por que as servem, e por que sentem e desejam com ardor as implacáveis obras do espírito. Assim bem o fazem tanto os perecidos como os tristes: onde, portanto, está a coisa melhor pela qual os louvais mais do que aos perecidos?

Amor: – Onde está?, diz Amor. Certamente nesse estado, pois é o bom estágio necessário para chegar ao estado em relação ao qual os perecidos não podem ter nenhuma ajuda.

Alma: – Ah, amor do Divino Amor, diz essa Alma Liberada, peço-vos que nos digais por que esses tristes são sábios comparados aos perecidos, já que ambos têm a mesma prática, exceto por um só ponto, que estimais os primeiros mais que os segundos.

Amor: – Isso é porque, diz Amor, os tristes consideram que há um estado melhor que o deles, e assim compreendem bem que não têm a compreensão desse melhor no qual crêem. Contudo, essa crença lhes dá tão pouca compreensão e satisfação em seu estado, que eles se consideram miseráveis e tristes. E assim o são, sem dúvida, comparados ao estado de liberdade daqueles que lá estão, que nunca se afastam. À medida que eles sustentam e sabem na verdade que são tristes, eles perguntam sempre pelo caminho, com ardente desejo, aos que o conhecem – à senhorita Compreensão, que é iluminada pela graça divina. E essa senhorita se compadece de suas perguntas, e os que foram tristes sabem disso. Por isso ela lhes ensina o correto caminho real, através do país do nada querer. Essa é a verdadeira direção: aquele que para lá segue sabe que falo a verdade. E também o sabe tal gente que é triste, essa gente que se toma por miserável. Pois, se são tristes, eles podem chegar ao estado dos liberados, dos quais falamos, de acordo com os ensinamentos dessa Luz Divina, a quem essa pequena Alma triste pergunta o caminho e a direção de sua trilha.

Razão: – Pequena?, diz Razão. Verdadeiramente, mais que pequena!

O Espírito Santo: – Novamente o Espírito Santo fala: É verdade, tanto que ela não colocará questões para Compreensão e para Amor, e que não levará em conta algo que possa existir tanto no amor como na compreensão, ou na louvação. Pois ninguém que seja sábio pede sem causa, nem se preocupa com o que não pode ser. Portanto, pode-se bem dizer que aquele que pede com freqüência é pequeno ou pobre, mesmo que não peça grande coisa. Pois todo o estado, qualquer que seja, é apenas um jogo de bola ou uma brincadeira de criança comparado ao estado supremo do nada querer, o estado no qual os liberados permanecem sem se afastarem. Pois aquele que é liberado em seu reto estado não pode nem recusar, nem querer, nem prometer nada em troca de algo que alguém lhe poderia dar; pelo contrário, daria tudo para manter a lealdade.

✎ 58 ✎
Como as Almas Aniquiladas estão no quinto estágio com seu amado

(*Razão*): – Ah, por Deus, diz Razão, que coisas essas Almas que estão aniquiladas têm para dar?

Amor: – Para dar?, diz Amor. Na verdade, o que quer que Deus tenha de bom. Essa Alma, que assim está, não pereceu nem está triste. Pelo contrário, ela está no júbilo do quinto estágio com seu amado. Lá, nada lhe falta, e ela é freqüentemente levada ao sexto, mas isso dura pouco. Pois trata-se de uma abertura, como uma centelha, que rapidamente se fecha, onde não se pode permanecer por longo tempo, e ela nunca teve uma mãe que soubesse falar sobre isso.

A superabundância dessa abertura arrebatadora faz a Alma, após o fechamento e pela paz de sua operação, tão livre, tão nobre e tão liberada de todas as coisas (tanto quanto dura a paz que é dada nessa abertura), que aquele que se mantivesse livre depois dessa aventura se encontraria no quinto estágio sem cair para o quarto (no quarto estágio ainda há vontade, e no quinto não há mais nenhuma). E uma vez que no quinto estágio, do qual esse livro fala, não há mais vontade – onde a Alma permanece após a obra do arrebatador Longeperto, o qual chamamos uma centelha pela forma de abertura e rápido fechamento – ninguém poderia acreditar, diz Amor, na paz sobre a paz da paz que tal Alma recebe, só ela mesma.

Entendei essas palavras divinamente, por amor, ouvintes (sic) deste livro! Esse Longeperto, que chamamos de centelha, por sua abertura e rápido fechamento, recebe a Alma no quinto estágio e a coloca no sexto, à medida que sua obra se manifesta e dura. Mas pouco dura o estado do sexto estágio, pois ela é reconduzida ao quinto.

E não é surpreendente, diz Amor, pois a obra da centelha, enquanto dura, não é senão a demonstração da glória da Alma. Isso não permanece por muito tempo em nenhuma criatura, exceto somente no espaço de seu movimento. Por isso, tal dom é nobre, diz Amor, pois realiza sua obra antes que a Alma tenha qualquer percepção ou consciência de sua operação. Porém, a paz da operação de minha obra, diz Amor, que permanece na Alma quando eu trabalho, é tão deliciosa que Verdade a chamaria de alimento glorioso. Ninguém que permaneça no desejo poderia ser alimentado por ele. Tais Almas governariam um país se fosse preciso, e tudo fariam sem elas mesmas.

❧ 59 ❧
Por quais meios essa Alma realizou sua conquista, e como e quando está sem si mesma

(*Amor*): – Inicialmente essa Alma realizou sua conquista por meio da vida de graça, graça nascida da morte do pecado. Depois, diz Amor, ela realizou sua conquista por meio da vida do espírito, que nasceu da morte da natureza. E agora, ela vive a vida divina, nascida da morte do espírito.

Amor: – Essa Alma, diz Amor, que vive a vida divina, está sempre sem si mesma.

Razão: – Ah, por Deus, diz Razão, quando essa Alma está sem si mesma?

Amor: – Quando ela é de si mesma.

Razão: – E quando ela é de si mesma?

Amor: – Quando, por si, ela não é de nenhuma parte, nem em Deus, nem em si, nem em seus próximos, mas na aniquilação que essa Centelha opera nela pela aproximação de sua obra. Essa obra é tão preciosamente nobre que, assim como nada pode ser dito sobre a abertura do movimento de glória que a gentil Centelha dá, também nenhuma Alma sabe como falar sobre esse precioso fechamento, pelo qual ela é esquecida por meio da aniquilação da compreensão que essa aniquilação lhe dá.

Alma: – Ah, Deus!, diz essa Alma, como alguém poderia ser tão grande senhor para compreender o benefício de um só movimento de tal aniquilação.

Amor: – De fato, diz Amor, o seria.

Alma: – Se haveis ouvido nessas palavras uma elevada matéria, diz essa Alma aos ouvintes (sic) deste livro, não fiquem insatisfeitos se depois falo sobre pequenas coisas, pois é necessário que o faça, se quero realizar o empreendimento de minha intenção – não em prol dos que o são (aniquilados), diz ela, mas para aqueles que ainda não são, mas que o serão, e que mendigarão continuamente enquanto estiverem consigo mesmos.

✑ 60 ✑
Como é necessário morrer as três mortes, antes que se chegue à livre vida aniquilada

(*Amor*): – Razão, diz Amor, nos perguntastes quantas mortes é preciso morrer antes que se chegue a tal vida. E vos respondo que antes que a Alma possa nascer para essa vida, lhe é necessário morrer três mortes totais. A primeira é a morte do pecado, assim como haveis ouvido, na qual a Alma deve morrer inteiramente de tal maneira que não permaneça nela nem cor, nem sabor, nem odor de coisa alguma do que Deus proíbe na Lei. Os que assim morrem são as pessoas que vivem a vida de graça, e lhes basta que se guardem de fazer o que Deus proíbe, e que possam fazer o que Deus ordena.

Ah, nobre gente aniquilada e elevada pela grande admiração e perplexidade na conjunção da união do Amor divino, não vos aborreceis se toco em algo para os pequenos, pois em breve falarei sobre vosso estado. Pois quando o branco e o negro estão juntos, podemos ver melhor essas duas cores, uma pela outra, do que quando cada uma é vista por si.

Agora, vós que sois eleitos e chamados a esse estado supremo, prestai atenção e vos apressai, pois há uma longa estrada e um longo caminho do primeiro estado de graça ao último estado de glória, que o gentil Longeperto dá. Eu disse, diz Amor, que prestai atenção e que vos apressai, pois este entendimento é difícil, sutil e muito nobre, razão pela qual os sanguíneos têm a ajuda da natureza, mas sem a pressa da vontade alfinetando o ardor do desejo do espírito, que a natureza dá aos coléricos[9]. E quando essas duas naturezas estão juntas, isto é, a natureza e o ardor do desejo do espírito, é uma grande vantagem, pois tais pessoas aderem e se jogam tão fortemente às suas realizações, que se dão completamente por meio da força do espírito e da natureza. Quando essas duas naturezas estão de acordo uma com a outra e com a terceira natureza, que deve juntar-se a essas duas naturezas eternamente por justiça (é o manto da glória que a joga por meio da natureza em sua natureza, por justiça). Essa concordância é altamente nobre. E para melhor compreendê-la faço essa pergunta: Qual é mais nobre, o manto da glória que atrai a Alma e a adorna com a beleza de sua natureza, ou a Alma, que a tal glória está unida?

---

9. Aqui Marguerite Porete se refere à categorização clássica dos quatro "humores" ou tipos dominantes nos seres humanos, que têm analogia com os quatro elementos e se opõem dois a dois: o colérico, ligado ao elemento fogo, se caracteriza pela facilidade para se enraivecer e pela força de vontade; o fleumático, ligado à terra, caracteriza-se pela indolência e a fraqueza; o melancólico, ligado à água, é caracterizado pela tristeza, e o sanguíneo, ligado ao ar, caracteriza-se pela alegria e inconstância.

Alma: – Eu não sei se isso vos aborrece, diz essa Alma, mas não posso fazer melhor. Desculpai-me, pois o ciúme do amor e a obra da caridade, que me obstruíam, fizeram com que este livro fosse feito, para que chegueis a isso sem demora, ao menos em vontade, se ainda a tendes; e, se estais já desembaraçados de todas as coisas, se sois desses sem vontade na vida que está acima de vosso entendimento, então, ao menos, podeis comentar o sentido profundo deste livro.

✺ 61 ✺
Aqui Amor fala dos sete estados da Alma

(*Amor*): – Eu disse, diz Amor, que há sete estados, cada um com maior entendimento em relação ao anterior e sem comparação um com o outro. Pois assim como não se pode comparar uma gota d'água ao oceano, que é tão vasto, da mesma forma se pode falar da diferença entre o primeiro estado de graça e o segundo e assim por diante, sem comparação entre eles. Ainda assim, dos quatro primeiros estágios nenhum é tão elevado que a Alma não viva nele em grande servidão. Mas o quinto estágio está na liberdade da caridade, pois é liberado de todas as coisas. E o sexto estágio é glorioso, pois a abertura do doce movimento da glória, que o gentil Longeperto dá, não é senão uma manifestação que Deus quer que a Alma tenha de sua própria glória, que ela terá para sempre. Pois, por sua bondade, lhe dá essa demonstração do sétimo estado no sexto. Essa demonstração nasce do sétimo estado, que produz o sexto. E é dada tão rapidamente, que mesmo quem a recebe não tem percepção do dom que lhe é dado.

Alma: – O que há de surpreendente nisso?, diz a Alma. Se eu me apercebesse antes que tal dom fosse dado, eu mesma seria o que é dado pela bondade divina, que ela me dará eternamente, quando meu corpo tiver deixado minha Alma.

O Esposo dessa Alma: – Isso ela não pode fazer acontecer, diz o Esposo dessa Alma. Eu vos enviei os presentes[10] por meio do meu Longeperto. Mas ninguém me pergunte quem é esse Longeperto, e quais são as obras que Ele realiza e suas operações quando mostra a glória da Alma, pois não se pode dizer nada, exceto isso: que o Longeperto é a própria Trindade, e lhe mostra suas manifestações, que nós chamamos "movimento", não porque a Alma ou a Trindade se movam, mas porque a Trindade opera para essa alma a manifestação da própria glória. Sobre isso ninguém pode falar, exceto a própria Deidade; pois a Alma, a quem Longeperto se dá, tem tão grande compreensão de Deus, de si, e de todas as coisas, que ela vê dentro de Deus mesmo por meio da compreensão divina. E a luz dessa compreensão lhe toma toda a compreensão de si mesma, de Deus e de todas as coisas.

Alma: – Essa é a verdade, outra coisa não há. E assim, se Deus deseja que eu tenha tão grande compreensão, Ele a toma de mim e impede que eu compreenda, pois de outra forma, diz essa Alma, eu não teria nenhuma compreensão. E se Ele quer que eu me compreenda, essa compreensão Ele também me toma, caso contrário não posso ter nenhuma.

Amor: – Dama Alma, é verdade isso que dizeis, diz Amor. Não há coisa mais certa para se compreender, não há nada mais proveitoso para se ter do que essa obra.

---

10. Francês antigo, *erres*; latim, *arras*. Essa é uma terminologia cortês por meio da qual o bem-amado envia presentes à bem-amada por meio de um intermediário. Nesse caso, o Longeperto age como intermediário e dá à alma a imagem da Trindade, através da qual a alma alcança a união com a Trindade.

❧ 62 ❧
Sobre os que estão mortos para o pecado mortal e nascidos na vida de graça

(*Amor*): – Agora, Razão, diz Amor, ouvi. Retorno à nossa questão para os pequenos. Tal gente, sobre quem falamos, que está morta para o pecado mortal e nascida na vida de graça, não tem reproches nem remorso na consciência, mas estão quites frente a Deus por meio tão-somente do que Ele ordena. Eles desejam honras, e ficam desolados se alguém lhes despreza, mas se resguardam da glória vã e da impaciência que conduz à morte pelo pecado. Eles amam as riquezas e ficam tristes porque são pobres. E se são ricos, se entristecem quando perdem algo, mas sempre se guardam da morte do pecado, à medida que não amam mais suas riquezas contra a vontade de Deus, seja na perda ou no ganho. E assim amam a facilidade e o repouso para seu prazer, mas se resguardam da desordem. Tal gente está morta para o pecado mortal e nascida na vida de graça.

Alma: – Ah, sem dúvida, diz a Alma Liberada, tal gente é pequena na terra e muito pequena no céu, e se salva de forma não-cortês.

Razão: – Ah, dama Alma!, diz Razão. Prestai atenção no que dizeis! Não ousaríamos dizer que são pequenos os que verão Deus eternamente.

Amor: – De fato, diz Amor, mas sua pequenez não poderia ser descrita se a comparássemos com a grandeza daqueles que morrem a morte da natureza e vivem a vida do espírito!

Razão: – Eu o creio bem, diz Razão, e assim fazem eles, pois se dissessem outra coisa estariam mentindo. Mas, contudo, eles não querem fazer nada mais. Eles de fato dizem a mim, Razão, que não são mais restritos por nada se não quiserem ser, pois Deus não lhes ordenou fazer mais, de fato não lhes aconselhou nada mais.

Alma: – Eles falam a verdade, diz essa Alma, mas são pouco corteses.

Desejo: – Ah, sem dúvida, diz Desejo, são pouco corteses. Eles esqueceram que não bastaria a Jesus Cristo ter feito alguma coisa por eles se Ele não tivesse feito tudo o que a natureza humana pode suportar, até a morte.

❧ 63 ❧
Como a Alma chama de vilões aqueles para os quais é suficiente ser salvo

Alma: – Ah, dulcíssimo Jesus Cristo, diz essa Alma, não vos preocupeis com tal gente! Eles são tão egoístas que buscam somente seus interesses, vos esquecendo, por conta da grosseria que a eles lhes basta.

Amor: – Ah, sem dúvida, diz Amor, isso é uma grande vilania.

Alma: – Esse é o costume, diz essa Alma, dos mercadores que no mundo são chamados de vilões, e, de fato, vilões eles são. Pois os cavalheiros não sabem se misturar no mercado, nem sabem ser egoístas. Mas vos direi, diz essa Alma, o que me apaziguará em relação a tal gente. É isso, dama Amor, eles estão fora da corte dos vossos segredos, assim como estaria um vilão na corte de um cavalheiro no julgamento de seus pares, onde ninguém pode estar se não for da mesma linhagem – ao menos na corte do rei. E com isso me tranqüilizo, diz essa Alma, pois eles também estão fora da corte de vossos segredos, lá onde os outros são chamados, os que nunca esquecerão as obras de vossa doce cortesia, isto é, o desprezo, a pobreza e os tormentos insuportáveis que haveis sofrido por nós. Esses não esquecerão jamais os dons do vosso sofrimento, que para eles é sempre um espelho e um modelo.

(*Amor*): – Para tal gente, diz Amor, todas as coisas necessárias estão preparadas, pois Jesus Cristo assim prometeu no Evangelho. Esses aqui, diz Amor, se salvam muito mais cortesmente que os outros. E ainda assim, diz Amor, eles são pequenos, são mesmo tão pequenos que não se pode compará-los com a grandeza daqueles que estão mortos para a vida do espírito *e vivem a vida divina*[11].

❧ 64 ❧
Aqui se fala das Almas que estão mortas para a vida do espírito

(*Amor*): – Ninguém prova essa vida se não tiver morrido essa morte.

Verdade: Essa morte traz a flor do amor da Deidade, diz Verdade. Não há mediação alguma entre elas e a Deidade, e elas não a desejam. Tais Almas não podem suportar a lembrança de nenhum amor humano, nem a vontade dos sentimentos divinos, em virtude do puro divino amor que essa Alma tem por Amor.

---

11. A sentença em itálico consta no texto em latim.

Amor: – Essa dominação[12] única pelo Amor, diz Amor, lhes dá a flor do ardor amoroso, como o próprio Amor testemunha.

Essa é a verdade, diz Amor. Esse amor do qual falamos é a união dos amantes e o fogo abrasador que arde sem sufocar.

❧ 65 ❧
Aqui se fala sobre os que estão sentados na montanha elevada, acima dos ventos

(*Amor*): Agora, Razão, diz Amor, haveis ouvido alguma coisa sobre essas três mortes, por meio das quais se chega a essas três vidas. Agora vos direi quem se senta na montanha acima dos ventos e da chuva. São aqueles que, sobre a terra, não têm vergonha, nem honra, nem medo por algo que lhes possa acontecer. Tal gente é segura, diz Amor, e, assim, suas portas estão abertas e ninguém pode importunar-lhes, e nenhuma obra de caridade ousa penetrar; tal gente se senta na montanha e nenhum outro, exceto esses, estão lá sentados.

Razão: – Ah, por Deus, dama Amor, diz Razão, dizei-nos o que será de Vergonha, que é a mais bela filha que a Humildade tem; e também de Temor, que trouxe tantos benefícios a essa Alma e tantos bons serviços, e mesmo de

---

12. *"Ce seul danger d'Amour, dit Amour..."* A palavra *danger* na tradição cortês tem o sentido de dominação. O *dongier* designa no vocabulário feudal o suserano e, por extensão, aquele que exerce um certo poder sobre o vassalo. Esse sentido se transmite ao vocabulário cortês: o poeta declara, a propósito de sua dama, que quer ficar *hors de dangier*, quer tornar-se livre.

mim, diz Razão, que não dormi enquanto elas tinham necessidade de mim. Ai de mim!, diz Razão. Devemos ser colocados para fora de seu lugar de repouso agora que ela assim chegou ao domínio?

Amor: – Absolutamente, diz Amor, já que vós três permanecereis em sua moradia, e sereis, os três, os guardiões de seu portão, caso alguém que seja contra Amor, com quem cada um de vós está comprometido, queira penetrar em sua casa. Mostrareis lealdade apenas nisso, no ofício de serdes os guardiões, caso contrário podeis criar confusão. Portanto, não sereis ouvidos em outro ponto, caso contrário ela afundaria baixo na carência e na necessidade. Tal criatura, diz Amor, está melhor vestida pela vida divina, da qual falamos, do que por seu próprio espírito, que foi colocado em seu corpo em sua criação. E seu corpo está melhor vestido por seu espírito do que o espírito está por seu corpo, pois a densidade do corpo é limitada e diminuída pelas obras divinas. Assim, tal Alma está melhor na doce paragem em nada conhecida, lá onde ela ama, do que em seu próprio corpo ao qual ela dá vida. Tal é o poder que tem a liberdade do Amor.

❧ 66 ❧
Como a Alma é feliz desde que abandonou a Razão e as outras Virtudes

(*Santa Igreja, a Pequena*): – Ah, dulcíssimo Amor Divino, diz Santa Igreja, a Pequena.

Alma: Sim, ela é verdadeiramente pequena, pois não demorará muito tempo até que chegue ao fim, diz essa Alma, no que terá grande alegria.

Razão: – Contudo, diz Razão, dizei-me, o que vos alegrou mais?

Alma: – Dama Amor o dirá por mim, diz essa Alma.

Amor: – Isso, diz Amor, o fato de que ela vos abandonou e às obras das Virtudes. Pois até essa Alma ser envolvida pelo manto do amor, ela tomava lições na vossa escola ao desejar as obras das Virtudes. Agora, ela já adentrou tanto e está tão elevada na lição divina, que começa a ler lá onde chegais ao fim; mas essa lição não foi escrita pela mão humana, mas pelo Espírito Santo, que a escreve maravilhosamente, e essa Alma é um pergaminho precioso; lá a escola divina é mantida, com a boca fechada, e o senso humano não pode colocá-la em palavras.

✐ 67 ✐
Aqui se fala do país onde essa Alma reside e da Trindade

Razão: – Ah, Amor, diz Razão, peço-vos que digais alguma coisa sobre o país onde essa Alma reside.

Amor: – Eu vos digo, diz Amor, que aquele que está lá onde essa Alma está, é dele, nele, por Ele, sem nada receber de ninguém, mas somente dele. Agora, diz Amor, essa Alma é nele, é dele e por Ele, sem nada receber de ninguém, senão dele.

Verdade: – Portanto, ela está em Deus Pai, diz Verdade. Pois acreditamos que não há nenhuma pessoa na Trindade que tenha recebido de outra pessoa senão da pessoa do Pai.

Amor: – Essa é a verdade, diz Amor, pois Deus Pai possui o poder divino em si, sem recebê-lo de ninguém. O que

Ele possui deriva de seu poder divino e dá a seu Filho o mesmo que possui em si, e o Filho o recebe do Pai, de forma que o Filho nasce do Pai e assim é igual a Ele. E do Pai e do Filho é o Espírito Santo, uma pessoa na Trindade. Ele não é nascido, mas Ele é, pois uma coisa é que o Filho nasce do Pai, outra coisa que o Espírito Santo seja, e do Pai e do Filho.

✍ 68 ✍
Como, por meio da obra divina, a Alma é anexada à Trindade e como chama de asnos os que vivem sob o conselho da Razão

(*Amor*): – Essa Alma, diz Amor, está totalmente abandonada, fundida e absorvida, anexada e unida à elevada Trindade; e não pode querer senão a vontade divina por meio da obra divina de toda a Trindade. E uma claridade e luz arrebatadoras se juntam a ela e a pressionam de muito perto. E, por isso, assim fala essa Alma:

Alma: – Ó gente tão pequena, rude e inconveniente, diz ela.

Razão: – A quem falais?, diz Razão.

Alma: – A todos os que vivem de vosso conselho, diz ela, que são tamanhas bestas e asnos que por sua grosseria me fazem dissimular e não falar minha linguagem para que não encontrem a morte no estado da vida, onde estou em paz sem de lá me mover. Eu digo, diz a Alma, que, em virtude de sua grosseria, convém que eu me cale e oculte minha linguagem, que aprendi em segredo na corte secreta do doce país, no qual a cortesia é lei, o amor é a medida, e a bondade, o alimento; a doçura me conduz, a beleza me apraz, a bondade me nutre. O que posso mais fazer, já que vivo em paz?

ᘒ 69 ᘒ
A Alma diz aqui que a prática das Virtudes é apenas inquietude e trabalho

(*Razão*): – Ah, por Deus, diz Razão, dulcíssima flor sem mácula, o que vos parece nossa prática?

Alma: – Parece-me, diz essa Alma, um trabalho repleto de preocupação. Entretanto, ganha-se o pão e a subsistência por meio do próprio trabalho nessa preocupação. Jesus Cristo o exaltou por meio de seu próprio corpo, Ele que via a estupidez daqueles que nesse trabalho seriam salvos e que, por isso, precisavam da certeza. E Jesus Cristo, que não os queria perder, os reassegurou por meio de sua morte, e por seus Evangelhos, e por suas Escrituras, onde a gente do trabalho busca o caminho correto.

Razão: – E onde buscais vossa orientação, nossa doce dama, diz Razão, vós que não fazeis nem vos encarregais de nenhum trabalho senão pela fé, de onde recebestes esses dons?

Alma: – Na verdade, diz essa Alma, estou livre disso, pois o meu melhor está em outro lugar e tão longe disso que não se poderia comparar: seu fim está em Deus, que não está no tempo. Mas eu estou para obter dele o que é meu. E o que é meu é que eu esteja estabelecida em meu nada.

Agora, Razão, diz essa Alma, nos perguntais onde encontramos o caminho correto? E eu vos digo, somente nele, diz essa Alma, que é tão forte que não pode morrer jamais, sobre quem a doutrina não está escrita, nem pelas obras exemplares, nem pela doutrina dos homens, pois ao seu dom não se pode dar forma. Ele sabe, sem começo, que acreditei nele sem provas. Há maior vilania do que querer provas no amor?, diz essa Alma. Certamente que não, assim me parece, já que Amor mesmo é a prova: isso me basta. Se eu quisesse mais, então eu não acreditaria realmente nele.

Razão: – Ah, dama Alma, diz Razão, tendes duas leis, ou seja, uma para vós e outra para nós: a nossa para crer, e a vossa para amar. Dizei-nos, se for vossa vontade, por que chamastes os que educamos de bestas e asnos.

Alma: Essa gente, a quem chamo asnos, busca Deus nas criaturas, em monastérios para rezar, no paraíso criado, nas palavras dos homens e nas Escrituras. Sem dúvida, diz essa Alma, para tal gente Benjamim não nasceu porque Rachel aí vive. É necessário que Rachel morra para o nascimento de Benjamim, pois até que Rachel morra, Benjamim não pode nascer. Parece aos iniciados que tal gente, que o busca em montanhas e em vales, insiste que Deus esteja sujeito aos sacramentos e obras deles.

Ai deles! Eles têm o mal, o que é uma pena. E ainda o terão, diz essa Alma, enquanto mantiverem em prática tais costumes! Mas aqueles que adoram Deus não apenas nos templos e monastérios, mas que o adoram em todos os lugares por meio da união com a vontade divina, esses têm tempos bons e proveitosos.

Razão: – Ah, bem-nascida, diz Razão, por Deus, dizei-nos: onde o buscais e onde o encontrais?

Alma: – Eu o encontro em todos os lugares, diz essa Alma, e Ele lá está. Ele é uma Deidade, um só Deus em três Pessoas, e esse Deus é tudo em todos os lugares. Lá, diz ela, eu o encontro.

❦ 70 ❦
Como tal Alma é o que é pela graça de Deus

(*Razão*): – Agora, nossa doce dama, diz Razão, dizei-nos quem sois vós, que assim nos falais.

Alma: Sou o que sou pela graça de Deus, diz essa Alma. Sou portanto somente aquilo que Deus é em mim e nada mais; e Deus é também aquilo mesmo que é em mim, pois nada é nada. O que é, é. Portanto eu não sou, se eu sou, exceto o que Deus é; e ninguém é, senão Deus; por isso onde quer que eu penetre só encontro Deus, pois, na verdade, ninguém é, exceto Ele.

Essa Alma ama na Verdade, ou seja, na Deidade, mas Verdade ama aquele por meio de quem essa Alma recebe o ser, e assim toda a obra de caridade está nela realizada.

Amor: – Isso é verdade, diz Amor, pois todos os outros, exceto essa Alma, se ocultam por falta de inocência, por causa do pecado de Adão.

❦ 71 ❦
Como essa Alma não realiza nenhuma obra por Deus, nem por si mesma, nem por seus próximos

(*Amor*): – Essa Alma, diz Amor, não realiza mais nenhuma obra por Deus, nem por si mesma, tampouco por seus próximos, como foi dito acima. Mas se quer, Deus a faz, pois Ele pode fazê-la. E se Ele não quer, para ela não importa que seja de um jeito ou de outro; ela está sempre em um único estado. Portanto, nessa Alma está a raiz da compreensão divina que a tira de si mesma sem ela, numa inexprimível paz divina, apoiada pela elevação do amor que flui do altíssimo Ciumento[13], que lhe dá a liberação soberana em todos os lugares.

Alma: – Ciumento?, diz essa Alma. Ciumento Ele é, de fato! Isso fica claro por suas obras, que me despojaram de mim mesma completamente, e me colocaram no prazer divino, sem mim. Tal união na paz total me liga e me religa por meio da suprema elevação da criação preparada pelo ser divino, pelo qual tenho o ser, e que é ser.

Amor: – Quando essa Alma é assim levada de si por Ele sem ela, por Deus em prol dela, essa é a obra divina; nunca uma obra de caridade foi realizada pelo corpo humano. Quem tal obra realizasse, não a poderia realizar por si.

Alma: – Entendei como se deve, diz Amor, as duas palavras de Amor, pois elas são difíceis de apreender para quem não tem a capacidade para entender seu sentido profundo.

Amor: – É verdade, diz Amor, pois a obra da criatura (isto é, a obra realizada por esforço humano) não pode ser comparada à obra divina, realizada por Deus na criatura por sua bondade para com a criatura.

---

13. Aqui é o único lugar no texto onde Marguerite Porete usa o termo "ciumento" para descrever Deus. Dentro do *ethos* cortês o termo possui um significado positivo que ressalta a noção do amor distante e perfeito, pois o ciúme enobrece o coração do amante.

❧ 72 ❧
Aqui se fala da distância do país dos perecidos e dos tristes ao país da liberdade, e por que a Alma tem vontade

Alma: – Entendei como se deve, diz essa Alma, as duas palavras de Amor, pois elas estão além do país dos tristes[14], no país da liberdade e da paz completa, onde permanecem os que assim estão.

Amor: É verdade, diz Amor, eu lhes direi uma palavra.

Alma: – De fato, diz essa Alma, apesar da Vontade na qual os perecidos e os tristes permanecem, sendo essa a sua vida de perfeição e nenhuma outra.

Amor: – Quando a divina Trindade criou os anjos pela cortesia de sua bondade divina, os que eram maus por sua eleição perversa se submeteram à vontade malvada de Lúcifer, que queria ter por sua própria natureza o que não se pode ter senão pela graça divina. Tão logo eles quiseram isso com sua vontade desobediente, perderam o estado de bondade. Agora eles estão no inferno sem esse estado, e sem nunca recuperar a graça de ver Deus. Sua vontade fez com que eles perdessem essa elevada visão; eles a teriam conservado se tivessem dado sua vontade, ao invés de retê-la. Vede o quão longe foram!

Verdade: – Ah, ah!, diz Verdade. Almas, por que amais tanto a vontade já que tal perda é realizada pela vontade?

---

14. O *Mirouer* separa as almas em duas categorias principais, nobres e vilãs. Entre as almas vilãs, faz a distinção entre as que pereceram e as que são tristes e perdidas.

Amor: – Eu vos direi, diz Amor, porque a Alma tem vontade, porque ela vive ainda no espírito, e na vida do espírito ainda há vontade.

Razão: – Ah, Deus! Dama Amor, diz Razão, dizei-me por que haveis nomeado essa Alma escolhida, tão amada por vós, chamando-a de "alma" desde o começo deste livro, já que dissestes que em virtude das pessoas tristes terem vontade, elas ainda vivem na vida do espírito. E a haveis nomeado muitas vezes por um nome tão pequeno como "alma", que é um nome menor que espírito.

Amor: – Sabei, diz Amor, essa é uma boa pergunta. Para bem entender, todos os que vivem a vida de graça pela realização dos mandamentos e se permitem estar satisfeitos com isso, têm, verdadeiramente, o nome de alma, não o nome de espírito, mas o nome de "alma" em virtude da vida de graça. Pois todas as hierarquias do paraíso não têm um mesmo nome, que permitiria designá-las pelo nome mais elevado. E assim todos são anjos, mas o primeiro anjo não tem o nome de Serafim, apenas o nome de anjo; mas os Serafins têm tanto o nome anjo quanto o nome Serafim.

Entendei sem que eu diga o que significa, diz Amor. Paralelamente vos digo que aqueles que observam os mandamentos, e para os quais isso basta, têm o nome de "alma" e não de "espírito", e seu nome correto é "alma" e não "espírito", pois tal gente está longe da vida do espírito.

Razão: – E quando a alma é completamente espírito?, diz Razão.

Amor: – Quando o corpo está completamente mortificado e a vontade se delicia na vergonha, na pobreza e nas tribulações: então ela é completamente espírito e não outra coisa. Portanto, essas criaturas espirituais têm pureza de consciência, paz nos afetos, e o entendimento na razão.

❧ 73 ❧
Como o espírito deve morrer antes de perder a sua vontade

(*Razão*): – Ah, por Deus, diz Razão. Dama Amor, peço-vos que dizei-me por que o espírito deve morrer antes de perder a sua vontade.

Amor: – Porque, diz Amor, o espírito está completamente preenchido com a vontade espiritual, e ninguém pode viver a vida divina enquanto tiver vontade, nem pode encontrar satisfação se não houver perdido sua vontade. O espírito só está perfeitamente morto quando perde o sentimento de seu amor, e a vontade, que lhe dava a vida, está morta, e nessa perda a vontade está perfeitamente preenchida pela satisfação do prazer divino. E em tal morte cresce a vida suprema, que é sempre liberada ou gloriosa.

Verdade: – Ah, por Deus, dama Divino Amor, peço-vos que me mostreis uma alma perfeita nesse estado, diz Verdade.

Amor: – Com prazer, diz Amor, e se ela não for como vos direi, eu vos ordeno que a tomai de volta e dizei-lhe que ela está mal equipada e preparada para me falar em minha câmara secreta, lá onde ninguém entra se não estiver preparado, como me ouvistes dizer. Ninguém é minha bem-amada, diz Divino Amor, exceto aquela que não tem medo de perder ou de ganhar, senão somente para meu prazer; pois de outro modo ela seria por ela e não mais por mim e comigo. E essa minha esposa não pode ser por ela. E se ela tivesse cometido tantos pecados como o mundo todo jamais cometeu, e tanto bem como aqueles que estão no paraíso, e todos os seus bens e todos os seus males estivessem visíveis frente às pessoas, tal Alma, diz Amor, não teria nem vergonha nem honra por si, nem vontade de esconder ou ocultar seus males. Pois se ela assim o fizesse, diz Amor, ela seria por si mesma e consigo mesma, e não por mim e comigo.

Que vergonha têm aqueles de meu paraíso, diz Amor, mesmo se alguém vê seus pecados e meus dons de glória, que eles recebem de mim? Certamente eles não têm vontade de esconder seus pecados, nem têm vergonha se alguém os conhece e nem desejam mostrar minha glória.

Verdade: — Ah, sem dúvida, diz Verdade, eles os deixam à conveniência de seu mestre, que os oculta ou mostra de acordo com sua vontade. E assim fazem as Almas das quais falamos, que são receptáculos de tal eleição: Longe-perto lhes oferece esse nobre dom.

❧ 74 ❧
Por que Amor chama essa Alma por um nome tão pequeno como "alma"

(*Amor*): – Agora, Razão, nos perguntastes por que nomeei essa Alma por um nome tão pequeno como "alma".

Razão, diz Amor, por causa de vossa rudeza eu a nomeei muitas vezes por seu sobrenome. E como entendemos o sentido oculto de qualquer coisa por meio da categoria[15], seremos ajudados por isso, e assim prosseguiremos; mas seu nome correto é perfeitamente nobre. Ela tem o nome de

---

15. Aqui, segundo Ellen Babinski, Marguerite Porete faz um jogo de palavras, pois no francês antigo o termo *surnom* significa tanto sobrenome quanto categoria.

"pura", "celestial", e "esposa da paz". Pois ela habita o fundo do vale, de onde vê o cume da montanha e de onde também vê a montanha a partir do cume. Nenhum intermediário pode penetrar entre os dois. E por segurança o sábio aí põe o seu tesouro: esse é o dom do divino amor da unidade. E essa unidade lhe dá a paz e a nutrição sutil e maravilhosa do glorioso país onde seu amado habita. Sua necessidade não existe fora da vida gloriosa. Essa é a nutrição, diz Amor, de minha esposa eleita; essa é "Maria da paz", e como ela é "Maria da paz", Amor Cortês a nutre. Marta, o sabeis, é muito impedida e não o sabe. Seus impedimentos a perturbam, por isso ela está longe de tal vida.

❧ 75 ❧
Como a Alma Iluminada dá sentido às coisas ditas acima por meio do exemplo da transfiguração de Jesus Cristo

(*Entendimento da Luz Divina*): – Ah, por Amor, diz Entendimento da Luz Divina, agora dizei-me, vós que tendes motivo de vos ocultar, o que entendestes disso.

Alma: – Eu vos direi, diz a Alma de Luz, o que isso significa.

(*Aquelas que têm motivo de se ocultar*): – Nós entendemos, dizem elas, que Jesus Cristo se transfigurou no Monte Tabor, onde havia apenas três discípulos. Ele lhes disse que não falassem nem dissessem nada, até que Ele ressuscitasse.

A Alma Liberada: – Bem dito, diz essa Alma Liberada aos servos da Natureza que por isso se ocultam, haveis me dado o bastão com o qual vos vencerei.

Alma: – Agora vos pergunto, diz essa Alma: por que Deus fez isso?

(*Essa alma que se esconde*): – Ele o fez por nós, diz essa alma que se esconde. E já que Ele assim nos ensinou, por que não o faríamos?

Alma: – Ah, carneiros, vosso entendimento é animal! diz essa Alma. Vós deixais o grão e tomais a palha. Eu vos digo que, quando Jesus Cristo se transfigurou diante de três de seus discípulos, Ele o fez para que soubésseis que pouca gente veria a claridade de sua transfiguração, e que Ele não a mostraria senão a seus amigos especiais; por essa razão havia apenas três. E isso ainda acontece neste mundo, quando Deus se dá com o ardor da luz no coração da criatura. Agora sabeis por que havia três.

Agora vos direi por que isso aconteceu na montanha. Foi para demonstrar e significar que ninguém pode ver as coisas divinas enquanto se mistura e se ocupa com as coisas temporais, ou seja, coisas que são menos que Deus. Agora vos direi por que Deus lhes disse para não falarem até que Ele ressuscitasse. Era para demonstrar que não podeis dizer uma palavra sobre os segredos divinos a menos que pretendais uma glória vã. Em relação a isso não se deve falar a ninguém. Pois disso vos certifico, diz essa Alma, que quem tem algo a esconder ou a ocultar, tem algo a mostrar; mas quem não tem nada a mostrar, não tem nada a esconder.

✌ 76 ✌
Aqui se mostra, pelo exemplo de Madalena e dos santos, que a Alma não tem nenhuma vergonha de seus pecados

(*Alma*): – Ah, por Deus, considerai a pecadora arrependida. Ela não se envergonhou pelo que Jesus Cristo lhe disse, que ela havia escolhido a parte melhor e a mais certa, e mais, a que nunca lhe seria tomada. E assim ela não se envergonhava pelo fato de seus pecados serem conhecidos na frente de todos, segundo o testemunho do próprio Evangelho, que diz, para que todos ouçam, que Deus perseguiu sete inimigos dela. Ela não se envergonhava frente a ninguém, exceto frente àqueles a quem ela havia feito mal; pois ela foi arrebatada, capturada e tomada, e, portanto, não se importava com ninguém exceto com Ele.

Que vergonha poderia ter São Pedro se Deus ressuscitava os mortos com sua sombra, mesmo após ele ter negado Deus por três vezes? Certamente ele não se envergonhava, já que recebeu grande honra.

Que vergonha e que glória tinha São João, o Evangelista, se Deus fez por seu intermédio o verdadeiro apocalipse, mesmo que ele tenha fugido no momento da captura de Jesus Cristo?

Alma: – Creio, diz essa Alma, que ele e os outros não sentiam nem vergonha nem honra com isso, nem vontade de se ocultarem ou de se esconderem, e não os preocupava o que Deus realizava por meio deles, para eles e para as pessoas, mesmo se fosse obra divina. Estes exemplos bastam para os que têm entendimento para apreender o que ainda há para ser dito. Esse livro não foi escrito para os outros.

✑ 77 ✑
Aqui a Alma pergunta se Deus estabeleceu um fim e um limite para os dons de sua bondade

Alma: – Eu disse, diz essa Alma, que eles não tinham nem vergonha nem honra com o que Deus realizou por eles, nem vontade de se ocultar de ninguém, como podeis ver pelo que foi dito.

Verdade: – Ah, sem dúvida, diz Verdade, eles não saberiam por que fazê-lo, pois estavam liberados de si mesmos e estavam totalmente em Deus.

Alma: – Ah, por Deus!, diz essa Alma. Já que Deus realizou essa graça por eles, ela é ainda tão grande para ser dada como era? Ele estabeleceu um fim e um limite para os dons de sua bondade?

Cortesia: – Sem dúvida que não, diz Cortesia, sua divina bondade não poderia suportá-lo. De nada depende que Ele seja um doador tão grande como foi, a não ser de querer e saber que há a disposição de receber os grandes dons que Ele tem para dar, mesmo o que ainda não foi dado, nem dito por boca alguma, nem pensado por um coração. Compreendei por amor, Amor vos roga, que Amor tem tanto a dar, que não põe nisso nenhum limite; num único momento ela faz de duas coisas somente uma.

Alma: – Mas uma coisa me agrada dizer, diz essa Alma, não para os que estão assim preparados, pois não diz respeito a esses, mas para os que não estão assim preparados, mas que ainda estarão (e esses têm ainda algo a fazer): que eles estejam em guarda, a fim de que, se Amor lhes pedir alguma coisa que ela lhes forneceu, que eles não a recusem por coisa alguma que possa acontecer, a qualquer hora que seja, e qualquer que seja a Virtude que Amor lhes envie com a mensagem. Pois as Virtudes levam como mensageiras a vontade de Amor por meio de cartas seladas por sua senhora, assim como o fazem os Anjos da terceira hierarquia.

E também o sabem todos aqueles para quem Amor envia suas mensagens, que se eles recusam nesse ponto o que as Virtudes pedem a partir do interior, que deve haver domínio sobre o seu corpo, eles sabem que nunca estarão em paz com a soberana que envia a mensagem. Eles sabem que serão censurados e perturbados na compreensão e aprisionados em si mesmos pela falta de fé. Pois Amor diz que o amado se conhece na grande necessidade.

Razão: – Agora respondei-me isso, diz Razão, se alguém não a ajuda na necessidade, quando a ajudará? Dizei-me.

Amor : – E se não me recordo, diz Amor, o que há de surpreendente nisso? É necessário que eu guarde a paz de minha justiça divina e devolva a cada um o que é seu; não o que não é seu, mas o que é.

Agora entendei, diz Amor, o sentido profundo deste livro. Uma coisa vale tanto quanto a apreciamos e pela necessidade que se tem, e não mais. Quando eu quis, diz Amor, e quando me agradou e tive necessidade de vós (digo necessidade à medida que vos convoco), vós me recusastes por vários de meus mensageiros. Ninguém o sabe, exceto eu, somente eu. Eu vos enviei os Tronos para vos purificar e adornar, os Querubins para vos iluminar e os Serafins para vos inflamar. Por todos esses mensageiros vos convoquei, diz Amor, (e eles vos fizeram saber) para fazer a minha vontade e realizar os estados do ser para os quais vos chamo, mas nunca fizestes conta. Ao ver isso, diz Amor, vos deixei por vossa própria conta para vos salvar. Se me houvésseis obedecido, seríeis diferentes, por vosso próprio testemunho. Mas vos salvareis por vós, contudo isso será numa vida aprisionada por vosso próprio espírito, que nunca estará sem algum encargo. Pois não obedecestes às minhas mensagens e às Virtudes, quando eu quis, por meio de tais mensagens, emancipar vosso corpo e libertar vosso espírito; também porque, diz Amor, não me obedecestes quando vos chamei por meio das sutis Virtudes que vos enviei, e por meus Anjos, por meio dos quais argumentei convosco, não posso mais vos dar o direito da liberdade que tenho, pois a justiça não o pode fazer. Se houvésseis obedecido, diz Amor, quando vos chamei para a vontade das Virtudes que enviei, e por meus mensageiros por meio dos quais argumentei convosco, teríeis o direito da liberdade que eu tenho.

Amor : – Ah, Alma, diz Amor, como estais aprisionada em vós mesma!

Alma: – Verdadeiramente, diz essa Alma, meu corpo está fraco e minha alma está temerosa. Pois, diz ela, queira eu ou não, freqüentemente estou sobrecarregada por essas duas naturezas que os liberados não têm mais, nem podem ter.

❧ 78 ❧
Como aqueles que não obedecem aos ensinamentos da perfeição vivem aprisionados em si mesmos até a morte

Amor: – Ah, pobre Alma, tendes tanta dor e tão pouco ganho! E tudo porque não obedecestes aos ensinamentos da perfeição, os quais discuti convosco na intenção de liberá-la na flor de vossa juventude. Contudo, jamais quisestes mudar, e não quisestes fazer nada. Ao contrário, sempre recusastes meus chamados, que vos fiz por meio de meus nobres mensageiros, como ouvistes acima. E tal gente, diz Amor, permanece aprisionada em si mesma até a morte.

Ah, sem dúvida, diz Amor, se eles o quisessem, seriam liberados daquilo que os faz e fará estar em grande servidão para pouco benefício; se eles quisessem, teriam sido liberados por meio de pouca coisa. Verdadeiramente, por tão pouco, diz Amor, como se darem ao lugar onde eu os queria, que lhes mostrei por meio das Virtudes, cuja função é essa.

Eu digo, diz Amor, que eles poderiam ser totalmente livres, tanto na alma como no corpo, se tivessem posto em prática meu conselho por meio das Virtudes, que lhes disseram minha vontade e, diz Amor, o que era necessário que fizessem antes que eu penetrasse neles com minha liberdade. E como não o fizeram, permaneceram, como ouvistes, em si mesmos. Os livres aniquilados, adornados com as delícias, sabem disso, pois vêem por eles mesmos a servidão dos outros. Pois o verdadeiro sol brilha na luz deles, e eles vêem as pequenas partículas nos raios do sol pelo resplendor do sol e dos raios. E quando tal sol está na alma, tal raio e tal resplendor, o corpo não tem mais fraqueza, nem a alma tem medo; pois o verdadeiro Sol da Justiça nunca curou nenhuma alma sem curar o corpo, quando realizava seus milagres na terra. E ainda o faz, mas não o faz por alguém que não tenha fé nisso.

Agora podeis ver e ouvir como aquele é grande e forte e libérrimo e de todas as coisas liberado. Quem tem fé em Deus, Deus o santifica.

Eu disse, diz Amor, que aqueles com os quais argumentei por meio da vida interior para que obedecessem à perfeição das Virtudes e que nada fizeram, permanecerão até a morte aprisionados em si mesmos; digo ainda que, se eles trabalhassem cada dia consigo mesmos para ampliar a perfeição dos apóstolos pelo esforço da vontade, mesmo assim eles não seriam liberados de si mesmos (ninguém o espere), isto é, nem de seus corpos nem de suas almas. Decerto que não, diz Amor, pois já que a rudeza e os argumentos interiores não realizam isso, não se pode chegar lá e tudo o que se faz consigo mesmo será apenas auto-aprisionamento. Sabem isso todos os que realizam obras consigo mesmos sem o ardor do fogo interior.

❧ 79 ❧
Como a Alma Liberada aconselha que não se recuse o que pede o bom espírito

(*Alma Liberada*): – Por isso digo, diz essa Alma Liberada, para todos os que vivem no esforço pela vida da perfeição, que se cuidem para não recusarem os chamados do ardor do desejo da vontade do espírito, que se agarrem firmemente à obtenção da melhor coisa depois dessa vida que chamamos de vida triste e de vida do espírito.

Amor: – Eu disse, diz Amor, que eles devem tomar cuidado, pois isso é necessário se querem chegar e alcançar o melhor. Essa vida é a serva mesquinha que prepara o abrigo para a chegada do grande estado da Liberdade do Nada Querer, pelo qual a Alma é satisfeita em todos os pontos, ou seja, por esse nada que dá tudo. Pois aquele que dá tudo, tem tudo e não ao contrário.

Alma: – Ah, diz essa Alma, queria ainda dizer aos que são tristes que aquele que se mantiver na paz e realizar perfeitamente a vontade do ardor do desejo, cortando a obra de seu espírito, assim como já disse, regulando seus sensos tão estritamente que eles não funcionam mais por deliberações que estão fora da vontade do espírito, este obterá, como herdeiro legítimo, maior proximidade com este estado do qual falamos.

Essa é a filha primogênita do mais elevado Rei, a quem não falta nenhuma gentileza. E tal dama, diz Amor, alcançou esse estado, do qual falamos, lá onde ele é mais nobre. E vos direi como, diz Amor. Ela não tem em si nenhum vazio que não seja preenchido por mim, razão pela qual não pode abrigar nem inquietude nem lembranças, e, portanto, não há nela mais nenhuma imagem. Ainda assim, a piedade e a cortesia não deixaram tal Alma, quando é tempo e lugar.

De fato isso é correto, diz essa Alma, que a piedade e a cortesia não me tenham deixado, como não deixaram Jesus Cristo, por meio do qual recebo a vida. Embora sua doce alma tenha sido glorificada tão logo juntou-se ao seu corpo mortal e à natureza divina na pessoa do Filho, ainda assim, a piedade e a cortesia nele permaneceram. E quem quer que seja cortês nunca amará senão quem deve. Jamais amou a humanidade aquele que ama a temporalidade. Jamais amou divinamente aquele que ama alguma coisa corporalmente; e aqueles que amam a Deidade sentem pouco a humanidade. Aquele que sente corporalmente nunca foi reunido, nem unido, nem divinamente preenchido. E que coisa sentiriam? Assim como Deus não muda, da mesma forma, nada muda. Agora apreenda o sentido profundo pela nobreza do entendimento.

Razão: – Ah, diz Razão, que tais Almas são fortes fica claro no caso do Batista[16].

Amor: – Ele foi alguma vez fraco, diz Amor, ou aprisionado em si mesmo?

Alma: – Certamente que não, diz essa Alma. Amor não destrói, mas, pelo contrário, instrui, nutre e sustenta aqueles que lhe dedicam lealdade fiel, pois ela é plenamente satisfatória, e abismo e mar transbordante.

✆ 80 ✆
Como a Alma canta e "descanta"[17]

(*Alma*): Eu canto, diz essa Alma, num momento cantando, em outro, "descantando", e tudo para aqueles que não são ainda livres, para que possam ouvir algo sobre a li-

---

16. Essa é uma alusão a João Batista que vai se tornar mais clara no cap. 125.

17. As palavras utilizadas por Marguerite Porete nesse título são: *Commente l'Ame chante et deschante*. *Déchant* é um substantivo masculino surgido em 1164, originado do latim medieval *discantus*. Na história musical européia e no período no qual o *Mirouer* foi escrito, o *déchant* é a melodia em contraponto que era escrita sob o canto pleno e que equivale a uma mudança de tom, ou a um modo cantado de falar, que talvez possamos entender como uma recitação.

berdade, e sobre que coisa é necessário fazer até que cheguem a ela.

(*Amor*): – Essa Alma percebeu por meio da luz divina o estado do país onde ela deve estar, e atravessou o mar, para sugar o âmago do alto cedro[18]. Pois ninguém recebe nem alcança esse âmago se não atravessar o alto-mar, e se não afundar a vontade em suas ondas. Entendei, amantes, o que isso quer dizer.

Eu disse acima que, por mim, tal Alma caiu no nada, mais ainda, em menos do que o nada sem fim. Pois assim como Deus é incompreensível em relação ao seu poder, também, paralelamente, essa Alma está em débito com seu incompreensível nada por um fragmento de tempo em que teve uma vontade contrária a ele. Ela deve a ele, sem redução, o débito que sua vontade deve, tão freqüentemente quanto ela teve vontade de subtrair de Deus a sua vontade.

Alma: – Ó Deus verdadeiro, que vedes e sofreis isso, diz essa Alma, quem pagará por tal débito?

A própria Alma responde: – Ah, caro Senhor, vós mesmo pagareis por ele. Pois vossa plena bondade, fluente de cortesia, não permitiria que eu não fosse liberada dele pelo dom do Amor, a quem fizestes pagar num só momento todos os meu débitos. O dulcíssimo Longeperto levou o último centavo de meu débito e me diz que tendes tanto a me devolver quanto eu a vós. Pois, se vos devo tanto quanto valeis, me deveis tanto quanto tendes, pois tal é a generosidade de vossa natureza divina. E assim, diz esse gentil Longeperto sobre o qual falei, esses dois débitos continuam, um contra o outro, e são de agora em diante apenas um. E com isso concordo, pois é o conselho do meu próximo.

Razão: – Ah, por Deus, diz Razão, dama Alma, quem é o vosso mais próximo?

---

18. Ez 17,3.

Alma: – É o mais elevado arrebatador que me toma e se junta a mim no centro da essência do Amor divino no qual estou dissolvida, diz essa Alma. Portanto, é justo que me recorde dele, pois para Ele retornei. É preciso se calar sobre esse estado, diz essa Alma, pois nada se pode dizer sobre Ele.

Amor: – Decerto que não, diz Amor, pois assim como não se poderia encerrar o sol, essa Alma não pode dizer nada sobre essa vida, em comparação com o que na verdade ela é.

Estupefação: Ah, dama Amor, diz Estupefação, sois a origem do amor divino, da qual nasce a fonte do conhecimento divino; e dessa nascente do amor divino e da fonte do conhecimento divino nasce o fluxo da louvação divina.

Alma: Abandono tudo à vontade divina, diz essa (Alma) confirmada no nada.

❧ 81 ❧
Como essa Alma não se preocupa consigo mesma, nem com seu próximo, nem com Deus mesmo

(*Amor*): Agora essa Alma, diz Amor, tem seu nome correto a partir do nada no qual permanece. E já que ela é nada, nada lhe preocupa, nem sobre si mesma, nem sobre seus próximos e nem sobre Deus mesmo. Pois ela é tão pequena que não se pode encontrá-la. Todas as coisas criadas estão tão distantes dela que ela não pode senti-las. E Deus é tão grande que ela não pode compreender nada. Por conta de tal nada, ela caiu na certeza de nada saber e na certeza de nada querer.

E esse nada do qual falamos, diz Amor, lhe dá tudo, e ninguém poderia ter isso de outra maneira.

Essa Alma, diz Amor, está aprisionada e detida no país da paz total; está sempre em plena satisfação, na qual submerge, ondula e flutua e se rodeia pela paz divina, sem movimentos em seu interior e sem obras externas de sua parte. Essas duas coisas lhe tirariam essa paz, se pudessem penetrá-la, mas não podem, pois ela está no estado supremo onde elas não podem aborrecê-la ou perturbá-la com nada. Se ela faz alguma coisa externa, é sempre sem ela. Se Deus realiza sua obra nela, é por intermédio dele nela, sem ela, por ela. Tal Alma não está mais aprisionada por isso do que seu Anjo por guardá-la. O Anjo não está aprisionado por nos guardar, não mais do que se ele nunca tivesse nos guardado. Da mesma forma, tal Alma não está aprisionada pelo que faz sem ela, não mais do que estaria se nunca tivesse feito nada. Pois ela mesma não tem nada. Ela deu tudo livremente sem nenhum porquê, pois ela é a dama do esposo de sua juventude. Ele é o sol que resplandece, aquece e nutre a vida do ser, que provém do seu ser. Essa Alma não reteve mais dúvida nem ansiedade.

Razão: Mas como é isso?

Amor: Uma aliança certa e uma verdadeira concordância de vontade somente pela disposição divina.

⁕ 82 ⁕
Como essa Alma é livre em seus quatro aspectos

(*Amor*): Essa Alma, que está em tal perfeição, é livre em seus quatro aspectos. Pois é necessário que existam quatro aspectos no homem nobre antes que ele possa ser chamado um cavalheiro e, assim, tenha o entendimento espiritual.

O primeiro aspecto, do qual essa Alma está livre, é que ela não se recrimina mais, ainda que não realize ou opere as obras das Virtudes. Ah, por Deus, vós que ouvis, entendei, se puderdes! Como é possível que Amor possa exercer sua prática com as obras das Virtudes, quando é preciso que essas obras cessem quando Amor exerce sua prática?

O segundo aspecto é que ela não tem mais vontade, não mais do que os mortos nos sepulcros, exceto somente a vontade divina. Essa Alma não se preocupa nem com justiça, nem com misericórdia. Ela planta e coloca tudo no desejo daquele que a ama; esse é o segundo aspecto do qual essa Alma está livre.

O terceiro aspecto é que ela crê e mantém que nunca houve, não há, nem haverá nada pior do que ela, nem ninguém mais amado por aquele que a ama como ela é. Notai isso e não entendais mal.

O quarto aspecto é que ela crê e afirma que não é possível que Deus possa querer algo que não seja a bondade, não mais do que é possível para ela querer algo diferente da vontade divina. Amor a adornou tanto que faz com que ela afirme isso a respeito dela, que ela, por sua bondade, a transformou em tal bondade por meio de sua bondade; que ela, por seu amor, a transformou em tal amor por meio do amor. E que, por sua vontade, a transformou totalmente em tal vontade, por meio da vontade divina. Ele é de si mesmo e em si mesmo por ela. E isso ela crê e afirma. De outra forma não seria livre em todos os seus aspectos.

Entendei o sentido, ouvintes (sic) deste livro, pois aí está o grão que nutre a esposa. Isso é assim à medida que ela está no estado no qual Deus a faz estar, lá onde ela deu sua vontade. Portanto, não pode querer senão a vontade daquele que, de si por ela, a transformou em sua bondade. E se ela é assim liberada em todos os seus aspectos, ela perde seu nome, pois se ergue em soberania. E portanto ela perde seu nome nele com o qual se funde e se dissolve por meio dele e nele e por ela mesma. Assim ela seria como um corpo de água que flui do mar, que tem algum nome, como se poderia dizer Aise ou Sena, ou qualquer outro rio; e quando essa água ou rio retorna ao mar, perde seu curso e o nome com o qual fluiu em muitos países realizando sua tarefa. Agora ele está no mar onde repousa, tendo deixado tal trabalho. O mesmo se dá com essa Alma. Aqui tendes um exemplo suficiente para entender como essa Alma veio do mar e tinha um nome e como ela retorna ao mar e assim perde seu nome e não mais possui um nome, exceto o nome daquele em quem ela está perfeitamente transformada, ou seja, no amor do esposo de sua juventude, que transformou totalmente a esposa em si mesmo. Ele é, conseqüentemente, essa Alma é. E isso lhe é maravilhosamente suficiente, e com isso ela está maravilhada; e isso é Amor agradável, pelo qual ela é amor. E isso a delicia.

❧ 83 ❧
Como essa Alma tem o nome da transformação pela qual Amor a transformou

(*Amor*): – Agora essa Alma está sem nome, e por isso tem o nome da transformação pela qual Amor a transformou. Assim é com as águas das quais falamos, que têm o nome de mar, pois tudo é mar quando elas retornam ao mar. Da mesma maneira, nenhuma natureza do fogo acrescenta qualquer matéria a si, pois faz de si e da matéria uma só coisa, não mais duas, mas uma. Assim são aqueles dos quais falamos, pois Amor atrai toda a sua matéria para si mesma. Amor e tais Almas são uma só coisa e não mais duas coisas, pois isso seria discórdia; ao contrário, elas são uma única coisa, e por isso há concórdia.

✌ 84 ✌
Como a Alma liberada em seus quatro aspectos se ergue em soberania e vive livremente pela vida divina

(*Amor*): – Eu digo, diz Amor, que tal Alma assim liberada em seus quatro aspectos, após isso, ascende em soberania.

Razão: – Ah, Amor!, diz Razão. Há algum dom mais elevado?

Amor: – Sim, diz Amor, há e é aquele que é o seu mais próximo. Pois quando ela está assim liberada em seus quatro aspectos e nobre em todos os ramos que descendem dela (nenhum vilão é tomado em casamento e por isso ela é nobilíssima), então ela cai disso numa perplexidade, que se chama "nada pensar sobre a proximidade do Longeperto", que é o seu mais próximo. Portanto uma tal Alma não vive mais somente a vida de graça ou a vida do espírito, mas a vida divina, livremente – não gloriosamente pois ela não é glorificada –, mas vive divinamente, já que nesse ponto Deus por si a santificou, e ninguém que possa ser contrário à bondade a pode alcançar lá.

Entendei apropriadamente, pois isso acontece quando ela está nesse estado: lá. Deus dá esse estado para sempre, sem afastamento. Digo isso às pessoas para quem Amor fez com que este livro fosse feito, e para aqueles para quem o escrevi. Vós que não sois parte desses, não fostes, nem sereis, sofrereis em vão se quiserdes entendê-lo. Ninguém pode prová-lo se não for isso: ou em Deus sem ser, ou Deus nele no ser. Apreendei o sentido, pois o que nutre é saboroso, e, como freqüentemente se diz, o que nutre mal não é saboroso.

Razão Aprisionada: – Ah, sem dúvida, isso é bem dito, diz Razão Aprisionada.

A Alma Perplexa no nada pensar: – De fato, diz essa Alma Perplexa no nada pensar por meio do Longeperto próximo que a delicia na paz, ninguém poderia dizer ou pensar a rudeza e o aprisionamento de Razão: está claro para seus discípulos que um asno não realizaria a obra que eles se disporiam a ouvir. Mas Deus me protegeu bem de tais discípulos, diz essa Alma: sob seu conselho não me terão mais, nem quero mais ouvir sua doutrina, pois lá fui mantida por longo tempo, ainda que tenha sido bom para mim. Mas agora não é mais o melhor para mim, ainda que eles não o saibam. Pois uma mente pequena não pode valorizar uma coisa digna de valor, nem entender alguma coisa da qual a Razão não seja a senhora; e se eles entendessem, isso não seria freqüentemente.

Por isso digo, diz essa Alma, que não quero mais ouvir a grosseria deles; a mim não a dirão mais, não posso mais suportá-la, pois, na verdade, não tenho de quê, nem por quê. Essa obra agora pertence a Deus, que faz em mim suas obras. Não lhe devo nenhuma obra, pois Ele mesmo realiza em mim as suas obras. Se eu realizasse a minha, eu destruiria a sua obra.

E assim os discípulos da Razão desejariam me recolocar sob a pobreza de seu conselho, se eu neles acreditasse. Eles perdem seu tempo, pois isso é algo impossível, mas eu perdôo sua intenção.

✏ 85 ✏
Como essa alma é livre e mais livre e libérrima

(*Amor*): – Essa Alma, diz Amor, é livre, mais que livre, libérrima, abundantemente livre, em sua raiz, em seu tronco, em todos os seus ramos e em todos os frutos de seus ramos. A herança dessa Alma é a perfeita liberdade, cada uma de suas partes tem o seu brasão de nobreza. Ela não responde a ninguém a menos que queira, se ele não é de sua linhagem; pois um nobre não se digna a responder a um vilão que o chama ou o convida ao campo de batalha. Portanto, quem chama uma tal Alma não a encontra; seus inimigos não conseguem dela nenhuma resposta.

Alma: – É justo, diz essa Alma, pois já que creio que Deus está em mim, é necessário que Ele se lembre de mim; sua bondade não pode me perder.

Amor: – Essa Alma, diz Amor, foi despelada em mortificação, e queimada pelo ardor do fogo da caridade, e suas cinzas jogadas em alto-mar pelo nada da vontade. Ela é gentilmente nobre na prosperidade, altamente nobre na adversidade e excelentemente nobre em todos os lugares, quaisquer que sejam. Essa (alma) que assim é, não quer mais Deus por meio de penitência, nem por nenhum sacramento da Santa Igreja, nem por meio de pensamentos, nem por palavras, nem por obras, nem por criaturas daqui de baixo, nem por criaturas lá de cima, nem por justiça ou por misericórdia, nem pela glória da glória, nem pela compreensão divina, nem pelo amor divino, nem pela louvação divina.

☙ 86 ☙
Como Razão está perplexa com o que é dito sobre essa Alma

(*Razão*): – Oh, Deus! Oh, Deus! Oh, Deus!, diz Razão, o que diz essa criatura? Isso agora é para deixar a todos perplexos! Mas o que dirão aqueles que nutri? Não saberei o que lhes dizer, nem o que lhes responder para justificar isso.

Alma: – De fato, não me surpreendo, diz essa Alma, pois essa gente tem pés sem caminho, e mãos sem obra, e tem boca sem palavras, e olhos sem claridade, ouvidos sem audição, e tem razão sem razão, e corpos sem vida, e coração sem entendimento, no que concerne aos que tocam esse estado. Por isso vossos pupilos se surpreendem frente à maravilha da maravilha.

Amor: – De fato, estão maravilhados, diz Amor, muito maravilhados, pois estão muito longe do país onde se dão tais práticas para se alcançar a elevação. Mas os que assim o são, que são desse país no qual Deus vive, esses absolutamente não se espantam mais.

Alma: – Decerto que não!, diz a Alma Liberada, Deus os guarde, isso seria uma marca de vilania. E vos direi e mostrarei como, por meio de um exemplo. Se um rei desse a um de seus servos, que lhe tem servido lealmente, um grande dom, com o qual o servo seria eternamente rico sem jamais ter que fazer nenhum serviço, por que um homem sábio se espantaria com isso? Sem dúvida, ele não deveria se espantar, pois assim estaria culpando o rei, seu dom, e o que foi liberado por esse dom.

Cortesia: – E vos direi em quê e por quê. Um homem sábio não se surpreende que alguém faça aquilo que lhe é próprio fazer. Ao contrário, ele louva, valoriza e ama isso.

Se ele se mostrasse surpreendido com isso, estaria mostrando que o que foi feito foi inadequado. Mas o coração vil e pouco sábio, que por falta de senso não sabe o que é honra ou cortesia, nem o que é a dádiva de um grande senhor, fica muito espantado com isso.

Verdade: – Isso não é surpreendente, diz Verdade; ele tem em si o porquê, como haveis ouvido.

Nobreza da Unidade da Alma: – Ah, por Deus, diz Nobreza da Unidade da Alma Liberada, por que alguém que tenha discernimento ficaria espantado se eu digo coisas grandes e novas, e se tenho minha plena satisfação através de tudo, por tudo e no tudo? Meu Bem-amado é grande, Ele que me dá uma grande dádiva e, como Ele é sempre novo, uma nova dádiva me dá. E como Ele é por si mesmo pleno e sortido da abundância de todos os bens, sou plena e sortida, e abundantemente preenchida com a abundância das delícias da bondade que flui de sua bondade divina, sem buscá-la por meio da dor ou do esforço nas satisfações que este livro descreve.

Alma: – Ele é, diz essa Alma, e isso me basta.

Pura Cortesia: – Sem dúvida, isso está correto, diz Pura Cortesia. É apropriado para o amante, pois ele tem os meios, que ele satisfaça sua bem-amada com sua bondade.

> Perturbada está Marta, paz tem Maria.
> Louvada é Marta, mais ainda é Maria.
> Amada é Marta, muito mais é Maria.

Maria tem apenas um só espírito em si, ou seja, uma só intenção, o que a faz ter paz, e Marta freqüentemente tem algumas, o que faz com que sua paz seja com freqüência perturbada. Por isso a Alma Liberada só pode ter uma intenção.

> Tal Alma freqüentemente ouve o que ela não ouve,
> e freqüentemente vê o que não vê;

assim, muitas vezes essa Alma está lá onde não está,
e muitas vezes sente o que não sente.

Portanto, ela segura seu amado e diz:

Alma: – Eu o tenho, diz ela, pois ele é meu. Não o deixarei mais ir. Ele está em minha vontade. Que venha o que vier, pois ele está comigo. Seria um erro meu se eu me inquietasse.

❧ 87 ❧
Como essa Alma é senhora das Virtudes e filha da Deidade

(*Amor*): – Essa Alma, diz Amor, é senhora das Virtudes, filha da Deidade, irmã da Sabedoria e esposa do Amor.

Alma: – De fato, diz essa Alma, mas essa parece ser uma linguagem estranha à Razão. Mas isso não é estranho, pois dentro de pouco tempo ela não será mais. Mas eu sou, diz essa Alma, e, sem dúvida, sou e serei para sempre, pois Amor não tem começo, nem fim, nem limite, e não sou nada, exceto Amor. Como eu teria algo mais? Isso não poderia ser.

Razão: – Ah, Deus, diz Razão, como alguém ousa dizer isso? Eu não ouso escutar. Na verdade, estou desmaiando ao vos ouvir, dama Alma; meu coração está falhando. Não tenho mais vida.

Alma: – Ah! Como tardou essa morte!, diz essa Alma. Pois enquanto vos tive, dama Razão, não pude receber livremente minha herança, o que era e é meu. Mas agora posso recebê-la livremente, pois, por amor, a feri de morte.

Alma: – Agora Razão morreu, diz essa Alma.

Amor: Conseqüentemente direi o que Razão diria, se estivesse viva em vós, diz Amor. Ela vos perguntaria, nossa bem-amada – diz Amor a essa Alma que é o próprio Amor e nada mais que Amor, depois que Amor, em sua divina bondade, jogou a Razão e as obras das Virtudes a seus pés e as conduziu à morte, sem retorno.

❧ 88 ❧
Como Amor pergunta o que Razão perguntaria se ainda estivesse viva, a saber, quem é a mãe da Razão e das outras Virtudes

(*Amor*): – Eu direi, diz Amor, o que Razão perguntaria se ainda estivesse viva. Ela perguntaria, diz Amor, quem é sua mãe e mãe das outras Virtudes, suas irmãs, e se elas são mães de alguém.

Amor: – Sim, diz Amor, que responde por si mesma. Todas as Virtudes são mães.

Alma: – E de quem?, diz essa Alma. Mães da Paz?

Amor: – Da Santidade, diz Amor.

Alma: – Então todas as Virtudes, que são irmãs da Razão, são mães da Santidade.

Amor: – De fato, diz Amor, daquela Santidade que a Razão entende, mas não da outra.

Alma: – E quem é então a mãe das Virtudes?

Amor: – A Humildade, diz Amor. Não aquela Humildade que é Humildade por obra das Virtudes, pois essa é irmã da Razão. Por isso a chamo de irmã, pois é algo maior ser uma mãe do que uma filha, algo bem maior, como podeis ver.

A Alma fala como se fosse a pessoa da Razão: — De quem então se origina a Humildade que é a mãe dessas Virtudes?, diz essa Alma que fala como se fosse a pessoa da Razão. De quem ela é filha, de onde vem, quem é a mãe de tão grande linhagem como a das Virtudes, e tia da Santidade de quem as Virtudes são mães? Quem é, então, a avó dessa Santidade? Ninguém sabe dizer de onde vem essa linhagem?

Amor: — Ninguém, diz Amor. Aquele que o sabe, não sabe como colocá-lo em palavras.

Alma: — É verdade, diz essa Alma, mas eu mentiria mais se não dissesse alguma coisa.

> Essa Humildade, que é tia e mãe,
> é filha da Divina Majestade, e nasce da Divindade.
> A Deidade é mãe e avó de seus ramos,
> cujos botões frutificam em abundância.
> Nós nos calaremos, pois falar os desgasta.
> Essa, a saber, a Humildade,
> deu tronco e fruto a partir de seus botões,
> por isso lhe é vizinha
> a paz desse Longeperto,
> que a libera das obras,
> tira-lhe as palavras, obscurece-lhe o pensamento.
> Longeperto a libera e ninguém a aprisiona com nada.
> Ela está livre de todo serviço, pois vive de liberdade.
> Quem serve, não é livre,
> quem sente, não está morto,
> quem deseja, quer,
> quem quer, mendiga,
> a quem mendiga falta a satisfação divina.

Mas aqueles que são sempre leais a Ele, são sempre tomados por Amor e aniquilados por Amor, e completamente desnudados por Amor, e com nada se importam senão com Amor, ainda que sofram e suportem para sempre tormentos tão grandes como Deus é grande em sua bondade. E nunca amará perfeitamente a Alma que duvidar que isso seja verdade.

❧ 89 ❧
Como essa Alma deu tudo pela liberdade da nobreza

(*Amor*): – Essa Alma deu tudo por meio da liberdade da nobreza da obra da Trindade. Nessa Trindade a Alma planta a sua vontade com tanto desprendimento que não pode pecar, a menos que de lá se desenraíze. Ela não tem com o que pecar, pois sem vontade não se pode pecar. Agora ela não tem receio de pecar, se deixa sua vontade lá onde a plantou, ou seja, naquele que a deu livremente a partir de sua bondade. Mas ele queria, em retorno, recebê-la de sua bem-amada, nua e livremente, sem nenhum porquê de sua parte, por duas razões: ele o quer e ele merece. Antes ela não tinha uma paz abundante e contínua, até o momento em que foi totalmente despida de sua vontade.

Essa (Alma), que assim é, parece estar sempre inebriada. Quem está inebriado não se importa com o que lhe advenha, sob qualquer forma que os acontecimentos advenham, não mais do que se eles não chegassem. Se acaso se importasse, não estaria de fato inebriado. Assim, se essa Alma tivesse algo com o que querer, isso significaria que ela está mal plantada e que pode realmente cair, se assaltada pela adversidade ou pela prosperidade. E assim não é ainda toda, pois ela não seria mais o nada, se tivesse com o que querer, porque sua pobreza ou sua riqueza estão no querer dar ou reter.

E ainda gostaria bem de dizer, diz Amor, a todos os que são requisitados e chamados pelo desejo interno para as obras de perfeição, sob a tutela da Razão, queiram ou não, que se eles quisessem ser o que poderiam ser, chegariam ao estado do qual falamos, e seriam também senhores de si mesmos, e do céu e da terra.

Razão: – Como assim, senhores?, diz Razão.

Alma: – Isso ninguém sabe como dizer, diz a Alma Livre, que a tudo mantém sem lá colocar seu coração e tudo tem sem o coração; e se o coração o sente, isso não é ela.

❧ 90 ❧
Como podemos chegar à perfeição ao fazermos o contrário da própria vontade

(*Amor*): – Eu disse, diz Amor, que quem seguisse as requisições da vida interior do espírito – se é chamado a chegar à vontade boa, pois de outra forma não o digo – e deixasse sua vontade completamente de fora para viver a vida do espírito, também nesse caso chegaria à soberania total.

Espírito: – Ah, por Deus, diz o Espírito que quer obter o mesmo por meio da vida triste, dizei-nos como!

Alma: – Isso ninguém sabe dizer, diz a Alma Liberada, exceto aquele que é tal na criatura, por sua bondade para com a criatura. Mas posso bem lhe dizer, diz essa Alma Livre, que antes que aí se chegue é preciso fazer perfeitamente o contrário da própria vontade, nutrindo as Virtudes até a garganta, e mantendo-se firme sem fraqueza, para que o espírito tenha sempre a soberania sem contrariedade.

Verdade: – Ah, Deus, diz Verdade, como poderia estar doente o corpo do coração no qual há um tal espírito?

Alma: – Ouso bem dizer, diz essa Alma Liberada, que uma tal vontade, que é preciso ter na vida triste, ou seja, na vida do espírito, gastaria num breve momento os fluidos de todas as doenças. É esse o poder de cura do ardor do espírito.

Amor: – É verdade, diz Amor, quem estiver em dúvida que tente e saberá a verdade. Agora vos direi, diz Amor. Ao contrário da Alma Liberada, a vida da qual falamos, que chamamos vida do espírito, não pode ter paz se o corpo não fizer sempre o contrário de sua vontade. Isso quer dizer que tal gente faz o contrário da sensualidade, ou estariam perdidos para tal vida, se não vivessem ao contrário de seu prazer.

E esses que são livres fazem tudo ao contrário. Pois assim como é necessário fazer tudo ao contrário da vontade na vida do espírito, se não querem perder a paz, os livres fazem tudo o que lhes agrada, se não querem perder a paz, pois chegaram ao estado da liberdade, ou seja, caíram das Virtudes no Amor, e do Amor no nada.

≈ 91 ≈
Como a vontade dessas Almas é a vontade do Amor e a razão de assim ser

(*Amor*): – Elas não fazem nada se isso não as agrada, e, se fizessem, perderiam sua paz, sua liberdade e sua nobreza. Pois a Alma não está refinada até que faça o que lhe agrada, sem que haja remorso por fazer o que lhe dá prazer.

Está correto, diz Amor, pois sua vontade é a nossa: ela atravessou o Mar Vermelho, seus inimigos dentro dele permaneceram. Seu prazer é nossa vontade, pela pureza da unidade da vontade da Deidade, onde a encerramos. Sua vontade é a nossa, pois ela caiu da graça na perfeição da obra das Virtudes, das Virtudes no Amor, e do Amor no Nada, e do Nada na Clarificação de Deus, que se vê com os olhos de sua majestade que nesse ponto a clarificaram por si mesmo. Ela está tão abrigada nele que não se vê e nem o vê, e assim ele vê somente a si mesmo, por sua bondade divina. Ele será de si mesmo em tal bondade, que conhecia de si antes que ela existisse, quando lhe deu sua bondade e a fez uma dama. Essa bondade foi o Livre-Arbítrio, que ele não pode retomar dela sem a concordância da Alma. Agora ele o tem, sem nenhum porquê, tal como o tinha antes que ela fosse uma dama. Não há ninguém, exceto ele; ninguém ama, senão ele, pois ninguém é, senão ele. Por isso, só ele ama e se vê sozinho, e se louva, completamente só, por seu próprio ser. E o limite está nesse ponto, pois esse é o mais nobre estado que a Alma pode ter aqui embaixo.

E assim há cinco estágios abaixo deste nos quais é necessário unir a perfeição das exigências de cada um, antes que a Alma possa alcançar este, que é o sexto, e mais vantajoso, mais nobre e mais gentil que os outros. E no paraíso está o sétimo, que é perfeito e sem falhas. Assim Deus, por sua bondade, realiza suas obras divinas em suas criaturas. O Espírito Santo sopra onde quer que esteja, e, assim, realiza maravilhas em suas criaturas.

❧ 92 ❧
Como a Alma se libera de Deus, de si mesma e de seu próximo

(*Alma*): – Ah, Senhor, haveis sofrido tanto por nós, e operado tanto em nós, através de vós, por vós, que essas duas obras, Senhor, encontraram sua conclusão em nós. Mas é muito tarde. Agora, fazei vossa obra em nós, de vós por nós sem nós, assim, Senhor, como vos agrada. Pois, por mim, não me esforçarei de agora em diante. Eu me libero de vós, de mim mesma e de meu próximo, e vos direi como. Eu vos abandono, e a mim mesma e a todo o meu próximo ao saber de vossa divina sapiência, ao poder de vossa divina pujança, e ao governo de vossa divina bondade, unicamente em razão da vossa divina bondade.

(*A Alma Satisfeita*): – E somente essas coisas divinas, aniquiladas, claras e clarificadas pela majestade divina, diz a Alma Satisfeita, me liberaram de todas as coisas, sem retorno, pois de outra forma não seria um dom, se aí faltasse alguma coisa.

Alma: – Agora entendei, se quiserdes, se tendes um tal dom, diz essa Alma aos servos da Razão e da Natureza, para deixá-los com inveja. Não devo nada, a menos que Amor seja um servo e que o nada seja algo; o que não pode ser. E quando tal nada é, então Deus vê a si mesmo em tal criatura, sem impedimento por parte de sua criatura.

✍ 93 ✍
Aqui se fala da paz da vida divina

(*Alma*): – A paz de tal vida da vida divina não se permite pensar, nem dizer, nem escrever, já que a Alma está em tal amor sem a obra do corpo, sem a obra do coração, sem a obra do espírito: por meio da obra divina a lei é realizada. Razão estima Madalena porque ela buscou Jesus Cristo, mas Amor se cala. Notai bem isso e não o esqueçais, pois quando ela o buscou, lhe faltava a vida divina, que Verdade chama de vida gloriosa. Mas quando ela foi ao deserto, Amor a tomou e a aniquilou, e essa é a razão pela qual Amor trabalhou nela, por ela, sem ela, e assim ela viveu pela vida divina, que a fez ter a vida gloriosa. Portanto, ela achou Deus em si mesma, sem buscá-lo, e não tinha nenhum porquê, pois Amor a havia tomado. Mas quando estava presa ao amor, ela o buscava pelo desejo da vontade no sentimento do espírito, e por isso era humana e pequena, pois era triste, e não Maria. Ela não sabia, quando o buscava, que Deus está totalmente em tudo, senão não o buscaria. Nunca encontrei alguém que sempre tenha sabido isso, exceto a Virgem Maria. Ela nunca teve vontade por meio da sensualidade, nem por obra do espírito, mas fez somente a vontade da Deidade, por meio da obra divina. Esse foi, é e será seu olhar divino, seu comer divino, seu amor divino, sua paz divina, sua louvação divina, todo o seu labor e todo o seu repouso – querer somente a vontade divina. Por isso ela teve em sua alma, sem nenhum intermediário, a vida gloriosa da Trindade num corpo mortal.

✍ 94 ✍
Da linguagem da vida divina

(*Alma*): – A linguagem de tal vida divina é o silêncio secreto do amor divino. Ela aí chegou depois de um longo tempo, e assim o quis por um longo tempo. Não há mais outra vida do que sempre querer a vontade divina.

Não tardeis a vos abandonar, pois ninguém pode repousar no mais elevado repouso sereno se não tiver se abandonado; disso estou certa. Deixai as Virtudes terem aquilo que é delas em vós, aguçando a vontade no âmago dos afetos de vosso espírito, até que elas tenham acertado as contas de vosso débito com Jesus Cristo. Isso é necessário fazer antes que se chegue a essa vida.

Por Deus, entendei o que o próprio Jesus Cristo disse. Ele não disse no Evangelho que "quem quer que creia em mim, fará as obras como eu faço, e fará mesmo obras maiores?" Onde se encontra, vos pergunto, o sentido oculto dessa palavra? Eu vos pergunto. Até que se pague a Jesus Cristo tudo o que se deve a Ele, não se pode ter a paz do país do ser divino, onde a vida reside. Deus vos dá brevemente a realização de vossa perfeição natural, a concórdia dos poderes da alma e suficiência em todas as coisas. É necessário que tenhais isso, pois essa é a senda estreita para a vida divina, que chamamos de vida gloriosa. E esse estado do qual falamos, que Amor, por sua bondade, nos dá a forma, restaura hoje na Alma o primeiro dia; esse estado restaura hoje o primeiro dia que a inocência adquire na terra pela divina obediência, que Adão perdeu no paraíso terrestre por desobediência. A punição permanece, pois Jesus Cristo a tomou para si, e assim é justo que ela permaneça conosco. Os verdadeiros inocentes não têm nunca uma regulação, e não fazem nunca nada errado. Eles estão completamente nus, não têm nada a esconder. Todos ainda se escondem por causa do pecado de Adão, mas não os que estão aniquilados, pois esses não têm nada a esconder.

✄ 95 ✄
Como o país dos tristes é longe do país daqueles que são aniquilados

(*Amor*): – Há um caminho muito longo entre o país das Virtudes, onde os Tristes habitam, ao dos Esquecidos e dos Nus aniquilados, ou dos Clarificados, que estão no mais alto estado, lá onde Deus está abandonado em si por si mesmo. Portanto, Ele não é conhecido, nem amado, nem louvado por tais criaturas, exceto somente por aquilo que não se pode compreender, nem amar, nem louvar. Essa é a soma de todo o seu amor, e a última etapa de seu caminho. Essa última está de acordo com a primeira, pois a intermediária não é discordante. Uma vez que ela tenha terminado o caminho, é justo que ela repouse nele que pode (fazer) o que quer, pela própria bondade de seu ser divino. E essa Alma pode querer o que quiser, sem que perca os dons daquele que tem seu próprio ser. Por que não o faria? Seus dons são muito grandes, como é grande aquele que os deu, e esse dom a transforma de si nele mesmo. Essa é Amor mesma, e Amor pode fazer o que ela quiser. Portanto, nem Temor, nem Discrição, nem Razão podem dizer nada contra Amor.

Essa Alma vive a plenitude de seu entendimento, mas Deus o vive nela sem o impedimento dela, e assim as Virtudes não têm motivo para repreendê-la. Por isso, ela diz assim:

✥ 96 ✥
Aqui a Alma fala à Trindade

(*Alma*): – Ah, Senhor, que tudo podeis; ah, Mestre que tudo sabeis; ah, Bem-amado, que tudo valeis, fazei o que quiserdes. Doce Pai, eu nada posso. Doce Filho, eu nada sei. Doce amado, eu nada valho; por isso nada quero. Ah, por Deus! Não permitamos que nenhuma coisa nossa nem dos outros jamais entre dentro de nós, pois seria necessário que Deus colocasse sua bondade fora de nós!

Fui uma vez uma criatura mendicante, que por longo tempo buscou Deus na criatura para ver se o encontraria assim como ela o queria, e assim como Ele mesmo seria se a criatura o deixasse operar suas obras divinas nela, sem que ela o impedisse. E ela nada encontrou, mas, ao contrário, permaneceu faminta daquilo que buscava. E quando viu que nada encontrou, ela se pôs a pensar. E seu pensamento lhe disse para buscá-lo, assim como ela desejava, no fundo do âmago do entendimento da pureza de seu sublime pensamento. Lá essa criatura mendicante foi buscá-lo, e pensou que poderia escrever sobre Deus da maneira como gostaria de encontrá-lo em suas criaturas. E, assim, essa criatura mendicante escreveu o que agora ouvis; e queria que seus próximos encontrassem Deus nela, por seus escritos e por suas palavras; dito de outra forma, ela queria que seus próximos fossem perfeitamente como ela os descreveu, ao menos todos aqueles para quem ela tinha vontade de dizer isso. Ao fazê-lo, ao dizê-lo e ao desejá-lo, ela permaneceu, como sabeis, uma mendicante e aprisionada em si mesma. E por isso ela mendigava, pois queria fazê-lo.

☙ 97 ☙
Como o paraíso não é outra coisa senão ver Deus

(*A Altíssima Donzela da Paz*): – Certamente, diz a Altíssima Donzela da Paz que vive a vida de glória, ou melhor, da própria glória que está somente no paraíso: o paraíso não é outra coisa senão somente ver Deus. Por isso, o ladrão foi para o paraíso assim que sua alma deixou seu corpo, embora Jesus Cristo, o Filho de Deus, não tenha ascendido ao céu até a Ascensão, mas o ladrão foi para o paraíso na própria Sexta-feira Santa. E como pode ser isso? Certamente tinha que ser assim, pois Jesus Cristo lhe havia prometido. E é verdade que ele foi para o paraíso no mesmo dia. Como ele viu Deus, ele foi para o paraíso, pois o paraíso não é outra coisa senão ver Deus. E qualquer um aí está na verdade, todas e quantas vezes se liberar de si mesmo; não gloriosamente, pois o corpo é muito denso, mas aí estará divinamente, pois seu interior está perfeitamente liberado de todas as criaturas e, por isso, vive sem a vida de glória sem intermediário e está no paraíso, sem ser.

Interpretai o sentido dessas palavras, se quiserdes entendê-las, ou as entendereis mal, pois elas têm uma aparência contraditória para aquele que não entende o âmago da interpretação. Mas a aparência não é verdade, mas a verdade é, e nenhuma outra coisa.

Mas o que tinha em mente aquela que fez esse livro, que queria que encontrássemos Deus nela, para que vivêssemos por nós mesmos o que ela havia dito de Deus? Parece que ela queria se vingar, isto é, que ela queria que as criaturas mendigassem de outras criaturas, assim como ela fez!

Alma: – Certamente é necessário fazê-lo antes que se chegue, em todos os aspectos, ao estado de liberdade, disso estou totalmente certa. E, contudo, diz essa Alma que escreveu esse livro, eu era tão tola no tempo em que o escrevi, ou melhor, no tempo em que Amor o fez por mim e a meu pedido, que me aventurei em algo que não se pode fazer, nem pensar, nem dizer, não mais do que aquele que quisesse encerrar o mar em seu olho, ou carregar o mundo na ponta de um junco, ou iluminar o sol com uma lanterna ou com uma tocha. Eu era mais tola do que seria quem quisesse fazer isso,

quando dei valor a algo que não se pode dizer
e quando me encarreguei de escrever essas palavras.
Mas assim tomei meu curso,
para vir em meu socorro,
para obter a coroa
do estado do qual falamos
que está na perfeição,

quando a Alma permanece no puro nada e sem pensamento, e não antes disso.

163

❧ 98 ❧
Razão pergunta o que fazem aqueles que estão no estado acima de seus pensamentos

(*Razão*): – Ah, por Deus, diz Razão, o que fazem aqueles que estão no estado acima de seus pensamentos?

Amor: – Eles ficam perplexos com o que está no topo de sua montanha, e ficam perplexos com a mesma coisa que está na profundeza de seu vale, por um nada pensar que está confinado e selado na clausura secreta da mais elevada pureza de tal excelente Alma. Essa clausura ninguém pode nem abrir, nem dela quebrar o selo, nem fechar quando ela está aberta, a menos que o gentil Longeperto, de muito longe e de muito perto, a feche e abra, pois só Ele tem as chaves, e ninguém mais as têm, nem poderia tê-las.

Entre vós, senhoras, a quem Deus, em sua bondade divina, deu essa vida abundantemente e sem retorno – e não somente aquela da qual falamos, mas também aquela da qual nunca se falou – vós reconhecereis nesse livro a vossa prática. Quanto às almas que não o são, nem o foram, nem o serão, elas não sentirão, nem reconhecerão esse estado. Elas não o podem fazer, nem o farão. Elas não pertencem à linhagem da qual falamos, tal como os anjos da primeira ordem não são os Serafins, nem o podem ser, porque Deus não lhes deu o estado de Serafins. Mas as que não o são – mas que são em Deus, e assim o serão – reconhecerão esse estado e sentirão, ainda mais fortemente, por força da linhagem à qual pertencem e pertencerão, aquilo que não conheceram e sentiram. As pessoas sobre quem falamos, que já são e serão, vão reconhecer, assim que ouvirem, a linhagem à qual pertencem.

~ 99 ~
Como essa gente, que está em tal estado, tem domínio sobre todas as coisas

(*Amor*): – Tal gente, que está no ser, tem soberania sobre todas as coisas. Pois seu espírito está na mais alta nobreza da ordem dos anjos criados e ordenados. Tal gente tem, por causa de seu espírito, a mais alta morada de todas as ordens e, por natureza, a mais gentil compleição, ou seja, são sanguíneos ou coléricos, e não melancólicos ou fleumáticos, e assim tem a melhor parte dos dons da fortuna. Tudo é deles de acordo com sua vontade e sua necessidade, para eles e para seus próximos, sem reproches da Razão. Escutai, portanto, com inveja, a grande perfeição das Almas Aniquiladas, de quem falamos.

~ 100 ~
Como há uma grande diferença entre os anjos, uns em relação aos outros

(*Amor*): – É dito, e eu mesma o digo, que há uma grande diferença entre os anjos por natureza, uns em relação aos outros, como há entre os homens e os asnos. Isso é fácil de crer: assim desejou operar a sapiência divina. Ninguém se pergunta por que, se não quer errar, mas o crê, pois é a verdade. E tanto como há para se dizer dos anjos, de uns em relação aos outros, assim como ouvistes, há para se dizer, pela graça, dos aniquilados sobre os quais falamos em relação a todos aqueles que não o são. É muito bem-nascido quem é de tal linhagem. Essa é a gente da realeza. Eles têm um coração excelentemente nobre e de grande realização, e não podem realizar obra de pequeno valor, nem começar coisa alguma que não alcance a boa perfeição. Eles são os menores que podem ser e devem se tornar os maiores, pelo próprio testemunho de Jesus Cristo, que disse que os menores seriam os maiores no Reino dos Céus. Deve-se, de fato, acreditar nisso, mas não acredita nisso quem não é isso mesmo. Pois aquele que é aquilo que acredita, acredita verdadeiramente. Mas aquele que crê naquilo que ele não é, não vive aquilo em que acredita. Este não crê verdadeiramente, pois a verdade da crença está em ser aquilo que se crê. E aquele que nisso crê é aquele que é isso. Ele não tem mais nada a fazer consigo, nem com os outros, nem com o próprio Deus, não mais do que se ele não fosse; é assim que ele é. Entendei o sentido oculto. É em sua vontade que não há nada para ele, não mais do que se ele não fosse.

Nestas três palavras se realiza a perfeição dessa vida clara. Eu a chamo clara porque ela ultrapassa a cegueira da vida aniquilada. A (vida) cega sustenta os pés da clara; a clara é a mais nobre e a mais gentil. Ela não sabe o que é, nem Deus, nem humanidade; pois ela não é; mas Deus o sabe de si em si mesmo, para ela, por ela mesma. Tal dama não busca mais Deus. Ela não tem motivo, e não tem o que fazer com ele. Ele não lhe falta; portanto, por que ela o buscaria? Aquele que busca está "consigo mesmo" e, conseqüentemente, tem a si mesmo; assim, lhe falta alguma coisa, por isso ele se põe a buscá-la.

❧ 101 ❧
Como essa Alma não quer fazer nada, e também como nada lhe falta, não mais do que a seu Amado

(*Alma*): – Ah, por Deus, diz essa Alma, por que eu faria algo que meu Amado não faz? Nada lhe falta, portanto, por que me faltaria alguma coisa? Na verdade, eu estaria enganada se alguma coisa me faltasse, pois a ele nada falta. Nada lhe falta, portanto, nada me falta. E esse ponto me toma o amor a mim mesma e assim me dou a ele, sem intermediário e sem reserva. Eu disse, diz essa Alma, que nada lhe falta, portanto, por que me faltaria alguma coisa? Ele nada quer, portanto, por que eu quereria alguma coisa? Ele nada pensa, portanto, por que eu pensaria?

A Alma Aniquilada: – Eu nada farei, Razão, diz essa Alma aniquilada e clarificada pela falta de amor a si mesma, mas buscai aquele que faz; isso o fareis, se bem a conheço. Mas, graças a Deus, não tenho mais que me defender de vós.

Já fiz tudo, diz essa Alma.

Razão: – Desde quando? A partir de que momento?

Alma: – Desde o momento, diz a Alma, no qual Amor me abriu seu livro. Pois esse livro é de tal ordem, que assim que Amor o abriu, a Alma soube tudo, e assim tem tudo, e toda obra de perfeição é nela realizada pela abertura desse livro. Essa abertura me fez ver tão claramente que me fez restituir o que é dele e retomar o que é meu, ou seja, ele é e por isso tem sempre a si mesmo; eu não sou, e por isso é de fato certo que eu não me tenha. E a luz da abertura desse livro me fez encontrar o que é meu e nisso permanecer. Por isso só tenho ser à medida que ele pode ser em mim. Assim Justiça, por justiça, restituiu o que é meu, e mostrou claramente que não sou; por isso quer, por justiça, que eu não possua a mim mesma. Essa justiça está escrita no centro do livro da vida. Por conseguinte, é assim com esse livro e comigo, diz essa Alma, como foi com Deus e com as criaturas, quando ele as criou. Ele o quis por sua bondade divina, e tudo foi feito nesse mesmo momento por seu poder divino, e tudo foi ordenado na mesma hora por sua sapiência divina.

Ah, por Deus, diz essa Alma, considerai o que ele fez, e o que ele faz, e o que fará, e assim tereis paz, a comum e a suprema, a paz da paz, uma paz tão esmagadora que a corrupção de vossa compleição nunca poderá ser motivo de castigo, se permanecerdes na paz suprema. Ah, Deus, como são belas e grandes essas palavras para quem entende a verdade do seu sentido profundo!

❧ 102 ❧
Aqui Entendimento da Alma Aniquilada mostra como é penoso quando a maldade triunfa sobre a bondade

(*Entendimento da Alma Aniquilada*): – Ah, por Deus!, diz Entendimento da Alma Aniquilada, não basta que eu esteja na prisão da corrupção, onde devo estar, queira ou não, devo também me estabelecer na cela da penitência? Ah Deus, como é penoso quando a maldade triunfa sobre a bondade! E isso assim é para o corpo e para o espírito. O espírito foi criado por Deus e o corpo foi formado por Deus. Agora essas duas naturezas – unidas na corrupção pela natureza e pela justiça – livram-se da culpa no batismo. Por isso, essas duas naturezas são boas em virtude da justiça divina que fez essas duas naturezas. E quando a falha triunfa nessa compleição e nessa criação, feitas pela bondade divina, nada provoca tanta pena, por menor que seja a culpa. Assim, nos lançamos na amargura e forçamos a se encolerizar contra nós aquele que não o quer. Não há tal coisa como uma pequena falha: pois o que não agrada à vontade divina, necessariamente o desagrada.

Compreensão da Luz Divina: – Ah, Deus, diz Compreensão da Luz Divina, quem ousaria chamá-la de pequena? Afirmo que quem quer que a chame de pequena nunca foi bem iluminado, nem jamais será, se não se corrigir. Mas é ainda mais grave o fato de ter colocado em tal negligência o que agrada o seu senhor. Há muito que dizer sobre a diferença entre um tal servidor e aquele que serve o seu senhor em todos os pontos, em tudo aquilo que sabe que pode satisfazer melhor a sua vontade!

❧ 103 ❧
Aqui se mostra o que significa dizer que o justo cai sete vezes por dia

(*Alma*): Agora, há alguns, diz essa Alma, que se valem daquilo que a Escritura diz, que "o justo cai sete vezes por dia". Mas são mesmo uns asnos esses que entendem isso como motivo de punição. A punição ocorre quando se cai numa falta com o consentimento da própria vontade; e a corrupção é resultante da grosseria da compleição de nosso corpo.

De acordo com isso, pareceria que não temos nenhum livre-arbítrio, se pecássemos contra nossa vontade sete vezes ao dia. Isso não é assim, diz essa Alma, graças a Deus! Pois é necessário que Deus não seja Deus, se a virtude fosse tomada de mim apesar de mim. Pois assim como Deus não pode pecar, e não pode querê-lo, eu não posso pecar se minha vontade não o quer. Tal liberdade me foi dada por meu Bem-amado por amor, em virtude de sua bondade. E assim, se eu quisesse pecar, por que Ele não me permitiria? Se ele não me permitisse, seu poder me tolheria a liberdade. Mas sua bondade não poderia suportar que seu poder me tolhesse em nada; isso quer dizer que nenhum poder poderia tolher a minha vontade, se a minha vontade não consentir nisso. Agora, a sua bondade, por pura bondade, deu-me o livre-arbítrio, por bondade. Em tudo o que fez por mim, Ele não me deu nada melhor; o restante, Ele me emprestou por sua cortesia. Se o tomar de volta, não me faz nenhuma injustiça. Mas minha vontade Ele me deu livremente e, por isso, não a pode reaver, se isso não satisfizer a minha vontade. A superabundância de Amor me deu tal nobreza por amor, por sua bondade: que nunca me seja tomada a liberdade de minha vontade, se eu assim não o quiser.

❧ 104 ❧
Aqui a Alma fala como Deus lhe deu seu livre-arbítrio

(*Alma*): – Vede como Ele me deu livremente meu livre-arbítrio. Eu disse acima, diz a Alma, que Ele não me deu outra coisa. Mas, ao dizer isso, poder-se-ia compreender que Ele não me deu tudo, ou que não me deu senão o livre-arbítrio e que as outras coisas Ele me emprestou. Com certeza isso seria uma incompreensão, pois Ele me deu tudo e não poderia ter retido nada de mim. Amor confirma isso, ao dizer que se assim fosse não seria o amor de um amante. Pois, à medida que Ele, por sua pura bondade, me deu o livre-arbítrio, deu-me tudo, se minha vontade o quer: não retém nada, disso estou certa.

Medo: – Por Deus, dama Alma, e como haveis lhe dado tudo?, diz Medo.

Alma: – Desse modo, diz a Alma, ao lhe dar livremente minha vontade sem nada reter, despojadamente, por sua bondade e por sua única vontade, assim como Ele a deu a mim, por sua bondade e para meu benefício, por sua vontade divina. Agora eu disse, diz essa Alma, que Deus não seria Deus se a virtude me fosse tomada apesar de mim. É verdade. Não há coisa mais certa do que o que Deus é, nem coisa mais falsa do que a virtude me ser tomada se minha vontade não o quer, e isso está bem longe do que a Escritura diz, que o justo cai sete vezes por dia em coisas sujeitas à punição.

❧ 105 ❧
O que significa dizer que o justo cai sete vezes por dia

(*Verdade*): Eu vos direi, diz Verdade, o que significa dizer que o justo cai sete vezes por dia. É preciso entender que enquanto a vontade do justo está completamente voltada, sem outro impedimento, para a contemplação da bondade divina, o corpo é fraco e pode ser levado às faltas pela herança do pecado de Adão, e, portanto, freqüentemente se inclina a dar atenção para coisas menores do que a bondade de Deus; é a isso que a Escritura chama de queda, pois isso assim o é. Mas a vontade do justo se protege para não consentir a falta que poderia nascer de tal inclinação. Assim, tal queda, na qual o justo cai pela inclinação mencionada, é para ele mais virtuosa que errônea, por conta de sua vontade que permanece livre pela recusa de toda falta, como é dito. Agora podeis entender como o justo cai de tão alto para tão baixo, e como essa queda, por mais baixa que pareça, é mais virtuosa para ele do que errônea.

Agora entendei. Como o justo cai sete vezes por dia, é necessário que seja elevado sete vezes, caso contrário não poderia recair sete vezes. Aquele que cai freqüentemente é abençoado, pois isso quer dizer que, de fato, ele vem de lá onde ninguém vai se não tiver, por bom direito, o nome de justo; contudo, mais feliz é aquele que lá permanece sempre. Ninguém pode lá permanecer continuamente enquanto a alma estiver nesse mundo acompanhada desse corpo miserável; essa queda não provoca a perda da paz por culpa ou remorso de consciência, pois a Alma vive da paz dos dons acima das Virtudes que lhe são dados – não contra as Virtudes, mas acima delas. Se assim não fosse, então Deus estaria sujeito às suas Virtudes, e as Virtudes estariam contra a Alma, elas que têm existência em virtude de seu senhor e para benefício dela.

❧ 106 ❧
Como a Alma expõe o conjunto de seus pedidos

(*Alma*): – Agora, diz essa Alma, direi o conjunto de meus pedidos, por meio do qual minhas solicitações seriam completamente satisfeitas. Não que eu saiba pedir o que peço ou o que queira pedir, pois todas as ordens dos anjos e todos os santos e santas que estão nessas ordens, não o saberiam pedir. Portanto, nem mesmo o décimo estado, que é esta glória, mas não pertence a nenhuma dessas nove ordens, saberia como pedi-lo, já que os que pertencem às ordens também não o sabem.

Razão: – E o que sabeis, dama Alma?, diz Razão.

Alma: – Deus o sabe!

Amor : – Ela bem o pode saber, diz Amor, por meio da natureza divina da força de atração de seu amor, que nela forma seus pedidos sem que ela o saiba. E seus pedidos estão além de todo país onde as criaturas podem ter compreensão.

Alma: Por que surpreender-se?, diz essa Alma. Por que alguém o saberia, exceto aquele de quem sou, e que é em mim essa mesma coisa? Esse é o Amor secreto, que está além da paz; lá meu amor está estabelecido, sem mim. A sua bondade forma para mim essa força de atração, e me renova continuamente no amor. Mas sobre o que ele é em si, em mim, por mim, e sobre o que peço pela força de atração de sua natureza pura, sem pedir por mim mesma, não posso saber nada, diz essa Alma. Nenhum dos que estão na glória o sabem, senão somente aquele que é um na Deidade e trino nas Pessoas.

Amor: Mas quanto ao que ela disse, que irá expor o conjunto de seus pedidos, isso quer dizer que é aquele que tem o que ela tem que irá dizê-lo. Na verdade, ela tem aquilo que ninguém pode dizer ou pensar, exceto Deus, que por sua bondade divina realiza continuamente sua obra nela sem a obra dela, quer dizer, sem a obra dessa Alma.

❧ *107* ❧

Aqui começam os pedidos da Alma

(*O primeiro pedido*): – A primeira coisa que ela pede é sempre se ver (se é que ela vê alguma coisa) lá onde estava quando, do nada, Deus fez tudo, e assim estar certa de que ela não é outra coisa que isso e nem o será eternamente – no que depende dela – à medida que jamais faça nada de mal que contrarie a bondade divina.

(*O segundo pedido*): – O segundo pedido é ver o que ela fez de seu livre-arbítrio, que Deus lhe deu; assim, ela verá que removeu sua vontade de Deus mesmo num só momento de consentimento ao pecado. Isso significa que Deus odeia todo pecado e aquele que consente em pecar, remove sua vontade de Deus. É a verdade, pois esse que assim age, faz o que Deus não quer e o que é contra a sua bondade divina.

❧ 108 ❧
Uma bela consideração para evitar o pecado

Agora essa Alma deve considerar o débito por um único pecado, para ver quanto ela deve por dois pecados, se por duas vezes ela cair em pecado.

A Luz da Alma: – Duas vezes?, diz a Luz dessa Alma. Na verdade, não se poderia enumerar quantas vezes retomei meu fôlego, mas menos ainda se poderia enumerar quantas vezes tomei de Deus a sua vontade. Não cessei de fazê-lo por todo o tempo em que eu tive vontade; desse modo perdi minha vontade, quando a devolvi despojadamente para aquele que, por sua bondade, a havia livremente dado a mim. Pois quem faz o bem e vê um bem maior que poderia fazer se lhe for pedido e não o faz, peca. Considerai, portanto, o que deveis por uma só de vossas faltas, e descobrireis que deveis a Deus por uma de vossas faltas tanto quanto vale a sua vontade, que lhe haveis removido ao fazer a vossa vontade.

Agora prestai atenção para melhor compreender o que é a vontade de Deus. É toda a Trindade, que é uma só vontade. Portanto, a vontade de Deus na Trindade é uma única natureza divina; e tudo isso a Alma deve a Deus por uma única falta.

Faremos uma comparação para os entendimentos animais. Suponhamos que essa Alma, que é nada, fosse agora tão rica como Deus é. Se ela quisesse quitar seu débito e pagar a Deus nem mais nem menos do que o que ela lhe deve por uma única falta, ainda assim essa Alma permaneceria nada e no nada. Supondo que ela não fosse nada em si mesma e supondo também que tivesse por sua natureza o mesmo que Deus tem, se desse modo ela quisesse cometer uma só falta, ainda assim nada permaneceria para sustentá-la, e deveria por força de direito retornar ao nada antes de quitar sua falta, e assim satisfazer o rigor da justiça.

E o que poderia então dizer Verdade, se ela quisesse falar dos outros pecados que são inúmeros, já que há tanto a dizer de um só, se ela quisesse dizer o justo? E é necessário dizê-lo, pois ela mesma é justa e nada além de justa.

Alma (falando a si mesma): – Ah, Alma, se tivésseis tudo o que está descrito aqui, ainda assim não lhe daríeis nada, pelo contrário, isso seria dele porque lhe é devido, antes que estivésseis quites. E assim, quanto devo, diz essa Alma, pelos outros pecados, já que não há ninguém que os saiba contar, exceto Justiça e Verdade? Ah, diz essa Alma, devo tamanho débito, que deverei sem fim e sem redução. De fato, antes de dever qualquer coisa eu não tinha nada, isso o sabeis e o vedes. E Deus deu-me a vontade para que eu fizesse a sua vontade, para ganhá-lo de si mesmo. Ah, e eu acrescentei à minha pobreza a grande pobreza do pecado, mas pecados que ninguém sabe, exceto somente a Verdade.

✑ 109 ✑
Como a Alma se perturba por não poder satisfazer suficientemente os débitos por suas faltas

(Alma): – Ai, ai, ai, Deus!, diz essa Alma, portanto quem sou eu agora, já que eu não era nada antes de dever

alguma coisa? Portanto, quem sou eu uma vez que eu não era coisa alguma antes de dever alguma coisa ao meu Deus, por obra de minha própria vontade? E eu seria ainda nada, se tivesse o que este livro diz, lá onde ele fala da similitude que ouvistes, antes de ter pago por uma única de minhas faltas, só uma, não mais, não mais! Agora não tenho em mim nem isso nem outra coisa, nem posso ter. E se eu tivesse, veríeis quem eu seria quando fosse liberada de um único pecado. Nunca tive nada, nem sou capaz de ganhar algo por mim mesma, nem ninguém pode me dar nada para pagar meus débitos.

Ah, Verdade, diz essa Alma, quem sou eu? Peço-vos que me digais.

Verdade: – Não sois nada, diz Verdade, e isso antes mesmo de cometer alguma falta com o que vos dei. Agora sois outra, pois sois menos que nada, pelas vezes que quisestes outra coisa do que a minha vontade, diz Verdade.

Alma: – É verdade, diz a Alma, verdade da verdade; e não sou nenhuma outra coisa, bem o sei, e o sei por vosso intermédio, Verdade, diz essa Alma. Não sei outra coisa melhor do que essa. Se Deus exigisse a justiça por um dos meus pecados, sem misericórdia, eu não deveria sofrer menos o tormento eterno do que Ele tem poder. Mas se sois a justa Verdade, diz a Alma que fez o mal, e se a Justiça é firme e rigorosa, a Indulgência e a Misericórdia, suas irmãs doces e corteses, me defenderão frente a vós por todos os meus débitos e, com isso, me apaziguo. Qualquer dessas irmãs que me ajude, seja a Justiça, ou a Misericórdia, ou a Verdade, ou a Indulgência, não me importa, essa é minha plena vontade. Não me importa cair em um ou em outros desses dois lados, tudo é o mesmo para mim, e sem alegria ou inquietude.

Por que sem alegria ou inquietude? Porque elas não podem vir nem da justiça que Ele me aplicaria, nem da misericórdia que me concede. E assim é comigo. Não tenho alegria com uma, nem inquietude com a outra. Já que meu Bem-amado não perde nem ganha com isso, tudo é uma só coisa para mim, que vem daquele que é uno. Esse ponto me torna una, de outra forma eu seria duas, pois se eu me importasse, estaria comigo mesma. O Filho de Deus Pai é meu espelho nisso, pois Deus Pai nos deu seu Filho, nos salvando. Ele não tinha nenhuma outra intenção ao nos dar esse dom a não ser a nossa salvação. E o Filho nos redimiu ao morrer, prestando obediência a seu Pai. Ele não tinha nenhuma outra consideração ao fazê-lo senão a vontade de Deus Pai. E o Filho de Deus é exemplar para nós e assim devemos segui-lo quanto a isso, pois devemos querer em todas as coisas apenas a vontade divina. E assim seremos filhos de Deus Pai, de acordo com o exemplo de Jesus Cristo, seu Filho.

Ah, Deus, quão doce é essa consideração! Com isso Ele nos tornou capazes disso; não que me seja impossível pecar se assim eu o quiser, mas é impossível que eu peque se minha vontade não o quiser. Assim, por sua total vontade, somos completamente capazes de realizar a sua vontade, se Ele em nós permanece sem que o busquemos. Aquele que busca o que tem demonstra falta de compreensão, não possui a arte que tal ciência dá.

❧ 110 ❧
Como a arte na criatura é uma habilidade sutil que está na substância da alma

(*Aquela que busca*): — Por conseguinte, o que é a arte na criatura?, diz Aquela que busca.

Amor: – É uma habilidade sutil de onde nasce o entendimento e que dá à Alma a compreensão para entender mais perfeitamente o que se diz, mais do que aquele que o diz, qualquer que seja a compreensão daquele que fala. E por quê? Porque quem entende repousa e quem fala, trabalha. E a compreensão não pode sofrer trabalho sem que se torne menos nobre.

Essa arte é ágil e por isso tende, por natureza, a atingir a plenitude de seu empreendimento. Seu empreendimento não é nada mais que a justa vontade de Deus. Essa habilidade sutil é a substância da Alma, *e o entendimento é a operação da Alma*[19] e a compreensão é o seu ápice; tal compreensão é feita da substância e do entendimento.

Essa Alma abriga em si toda a vida baseada nos bons hábitos. Por isso o Amor, que lhe dá esse estado, nela permanece e ela permanece no nada, não no amor. De fato, enquanto a Alma está consigo mesma, ela permanece no amor. Esse amor, enquanto ela nele permanece, torna-a orgulhosa e frívola. É que a Natureza acompanha tal amor, e freqüentemente tem o que dar e tomar nesse estado no qual a Alma está desdenhosa e arrogante. Nesse estado ela tem percepções e meditações, pois esse é o estado de contemplação, que retém nela o Pensamento, para ajudá-la. Mas agora ela permanece no nada, pois Amor permanece nela e, assim, tal estado é sem ela; por isso não há mais nada nela que a faça triste ou alegre: o Pensamento não tem mais ascendência sobre ela. Ela perdeu o uso dos sentidos, não os sentidos, mas o seu uso. Pois Amor a arrebatou do lugar onde ela estava, deixando seus sentidos em paz, e, dessa forma, arrebatou o seu uso. Essa é a realização de sua peregrinação e o seu retorno ao nada pela restituição de sua vontade, que foi nela colocada. Essa é a con-

---

19. No texto em francês falta essa frase, que aparece no texto em latim.

quista do alto-mar, pois ela vive sem sua vontade e assim está num estado que ultrapassa a sua deliberação. De outra forma ela seria recriminada pelo soberano que lá a colocou sem ela e estaria em guerra com Amor, que é o Espírito Santo, e seria recriminada pelo Pai e julgada pelo Filho.

❧ 111 ❧

A diferença entre a unção da paz e a guerra que provoca a repreensão ou o remorso na consciência

(*Amor*): – Há muita diferença entre a unção da paz, que ultrapassa todos os sentidos e que permanece nas delícias da satisfação plena que o Bem-amado dá por meio da união do amor, e a guerra que a repreensão cria. Aquele que permanece na vontade está freqüentemente nessa guerra, quaisquer que sejam as boas obras que a vontade faça. Mas tem paz aquele que permanece no nada-querer, lá onde estava antes que tivesse a vontade. A bondade divina não tem razão para repreendê-lo.

Alma: – Ah, Deus, como isso é bem colocado!, diz a Alma Liberada. Mas é necessário que Ele faça isso sem mim, assim como me criou sem mim por sua bondade divina. De fato, diz essa Alma, sou uma alma criada por Ele sem mim, para operar entre Ele e eu as difíceis obras das Virtudes, Ele por mim e eu por Ele, para que eu esteja de novo nele. Mas não posso estar nele a menos que Ele aí me coloque sem mim, assim como me criou por si sem mim. Essa é a Bondade incriada que ama a bondade que criou. Portanto, a Bondade incriada tem, por si, a vontade livre e nos dá também a livre vontade por sua bondade, fora de seu poder, sem nenhum porquê, exceto por nós mesmos e para que sejamos por sua bondade.

Conseqüentemente, temos uma vontade que procede de sua bondade e é exterior ao seu poder, para que sejamos mais livres, assim como Ele tem a vontade além de nosso poder, por sua própria liberdade. Porém, a Bondade divina viu que seguiríamos uma via de infelicidade e de perdição por conta da vontade livre que Ele nos deu e que procede da sua bondade, bondade que nos foi dada pela Bondade. Por isso, uniu a natureza humana à bondade divina na pessoa do Filho, para pagar o débito que contraímos por nossa vontade desobediente.

Vontade Desobediente: — Agora não posso ser o que devo ser, diz a Vontade Desobediente, até que eu retorne para onde estava antes que eu emanasse dele, tão nua quanto Ele é, Ele que é; nua também como eu era quando eu era quem não era. É preciso que eu tenha isso se quero reaver o que é meu, de outra forma não o terei.

(*Autora*): — Entendei o sentido se quiserdes ou, melhor, se puderdes. Se não podeis é porque não sois desse tipo; se fôsseis, o sentido se revelaria para vós. Se tivésseis com o quê ouvir isso não estaríeis completamente aniquilados, pois de outro modo não o digo. Se sua bondade vos tirou a capacidade de ouvir, não a contradigo.

❧ 112 ❧
Da bondade eterna que é amor eterno

(*Autora*): — Ele é uma bondade eterna que é amor eterno; e tende, pela natureza da caridade, a dar e espalhar toda a sua bondade. Essa bondade eterna engendra uma bondade gentil; dessa bondade eterna e dessa bondade gentil procede o amor íntimo do amante pela amada. E a amada vê continuamente seu amante nesse amor íntimo.

✍ 113 ✍
Pensar a paixão de Jesus Cristo nos faz obter a vitória sobre nós mesmos

Asseguro a todos os que ouvirão (sic) esse livro que é necessário reproduzir dentro de nós – por pensamentos de devoção, por obras de perfeição, pelas exigências da Razão – por toda a vida, por nosso poder, o que Jesus Cristo fez e o que pregou. Pois Ele disse, tal como foi dito: "Quem quer que creia em mim realizará obras tais como as que fiz, e mesmo obras maiores". É isso que devemos fazer antes que obtenhamos a vitória sobre nós mesmos. Se o fizermos com nosso poder, chegaremos ao ponto de ter tudo isso, deixando fora de nós todos os pensamentos de devoção, todas as obras de perfeição e todas as exigências da Razão, pois nada mais teríamos a fazer com isso. Então, a Deidade realizaria sua obra divina em nós, por nós, sem nós. Ele é Aquele Que É, por isso é o que é por si mesmo: amante, amado, amor. (*E não somos nada, pois nada temos de nosso. Se pudésseis ver esse nada total nu, não o ocultando ou encobrindo, então o teríeis, Ele que é o verdadeiro ser em nós.*)[20]

---

20. Essa última frase não consta do texto em francês, mas é fornecida no texto em latim.

❧ 114 ❧
Se a criatura humana pode permanecer na vida e estar sem si mesma

Pergunto aos cegos, ou aos clarificados, que vêem melhor que os primeiros, se a criatura humana pode permanecer na vida e estar sempre "sem" si mesma? Se esses dois não me disserem, ninguém me dirá, pois ninguém o sabe se não for dessa linhagem.

Verdade: A Verdade, por si, diz que sim, e Amor o confirma, ao dizer que a Alma Aniquilada está "sem" si mesma quando não tem nenhum sentimento da natureza, nem de obra, nem de nenhuma obra interior, nem vergonha ou honra, nem de nada que lhe provoque medo por algo que lhe possa vir, nem afeição nenhuma na bondade divina. Quando não sabe mais onde reside a vontade, mas, pelo contrário, em todos os momentos não tem vontade. Assim, ela está aniquilada, "sem" si mesma, seja lá o que Deus suporte por ela. Desse modo, ela faz tudo sem si mesma e deixa tudo sem si mesma. Não se trata de nada espantoso: ela não é mais "por" si mesma, pois vive pela substância divina.

❧ 115 ❧
Aqui se fala da substância eterna e de como Amor gera a Trindade na Alma

Há uma substância eterna, uma fruição prazerosa, uma conjunção amorosa. O Pai é a substância eterna; o Filho é a fruição prazerosa; o Espírito Santo é a conjunção amorosa. Essa conjunção amorosa consiste da substância eterna e da fruição prazerosa por meio do amor divino.

Alma: Ah, Unidade, diz a Alma tomada pela Bondade Divina, gerais a unidade, e a unidade reflete o seu ardor na unidade. Esse Amor Divino da unidade gera na Alma Aniquilada, na Alma Liberada, na Alma Clarificada, a substância eterna, a fruição prazerosa e a conjunção amorosa. Da substância eterna a memória recebe o poder do Pai[21]. Da fruição prazerosa o entendimento recebe a sapiência do Filho. Desta conjunção amorosa a vontade recebe a bondade do Espírito Santo. A bondade do Espírito Santo une a Alma no amor do Pai e do Filho. Tal união coloca a Alma no ser sem ser, que é o Ser. Esse Ser é o próprio Espírito Santo, que é o amor do Pai e do Filho. Esse amor do Espírito Santo flui na Alma e se espalha em abundância de delícias por um dom muito elevado, que é dado numa conjunção eleita e magistral com o Bem-amado supremo, que simples se dá e simples se faz. E porque Ele se dá simplesmente, mostra que nada é, senão Ele, a partir de quem todas as coisas recebem o ser. Assim, não há senão Ele no amor da luz, da união, da louvação: uma vontade, um amor e uma obra em duas naturezas. Uma única bondade pela conjunção operada pela força de transformação do amor de meu Bem-amado, diz essa Alma que tal é, domínio sem limite do transbordamento do amor divino. Por esse amor

---

21. Aqui Marguerite Porete está fazendo referência à concepção de alma da filosofia cristã medieval na qual a alma era considerada uma substância espiritual, dotada de uma função animadora, e, seguindo Santo Agostinho, partida em três faculdades: memória, intelecto e vontade. Essas faculdades existem e são criadas com a alma. De maneira geral, as obras teológicas apresentam teorias das faculdades superiores da alma que se assemelham a Deus. Nesse sentido, somente a alma que se purificou de sua natureza inferior é capaz de conduzir o ser humano de volta a Deus.

divino a Vontade Divina opera em mim, por mim e sem a minha intromissão.

❧ 116 ❧
Como a Alma se regozija com a adversidade de seus próximos

Essa (Alma) vê em seu amado um amor pleno e perfeito e não busca em nenhuma ocasião a sua ajuda, mas ao contrário toma o que é dele como seu próprio. Muitas vezes, em sua parte mais elevada, sem seu conhecimento, querendo ou não, essa Alma se regozija com a adversidade de seus próximos, pois discerne em seu espírito e sabe, sem seu conhecimento, que esse é o caminho pelo qual eles chegarão ao porto de sua salvação. Ela percebe sua própria luz no lugar sublime ao qual está unida e se satisfaz no prazer daquele a quem está unida, pois seu prazer é a salvação das criaturas. Ela está aqui unida à vontade dele e se alegra por sua bondade em virtude da concordância por meio da qual a bondade dele a uniu a ele, sem o conhecimento da Razão.

Agora, Razão percebe que ela se regozija e por isso lhe diz que ela pecou, pois se regozijou com a adversidade de seu próximo. Razão julga sempre segundo o que sabe, desejando sempre fazer a obra que lhe cabe. Mas nesse caso ela só vê com um dos olhos e não pode ver as coisas sublimes, motivo pelo qual faz tal repreensão à Alma. Razão é cega de um olho, isso não se pode negar, pois ninguém pode ver as coisas sublimes a menos que exista eternamente. E, por justiça, Razão não pode vê-las, pois é necessário que seu ser chegue ao fim.

❧ 117 ❧
Como essa Alma mostra que ela é o exemplo da salvação de todas as criaturas

Agora fala o espírito exaltado que não está mais sob o domínio da Razão: Deus, diz ele, não tem lugar algum para colocar sua Bondade se não colocá-la em mim, nem um abrigo que lhe seja conveniente, nem um lugar onde possa se colocar inteiramente, se não em mim. Por isso sou o exemplo da salvação, e mais ainda, sou a própria salvação de toda a criatura e a glória de Deus. E vos direi como, por que e em quê. Porque sou a soma de todo o mal, pois contenho em minha própria natureza o que a maldade é, portanto, sou pura maldade. E Ele, que é a soma de todo o bem, contém em si, por sua própria natureza, toda a bondade. Portanto, Ele é todo bondade. Assim, sou a maldade total e Ele é a bondade total, e devemos dar esmolas aos mais pobres, sob pena de tomar deles o que é deles por direito. Deus não pode cometer uma injustiça, pois se renegaria. Desse modo, sua bondade é minha, por causa de minha necessidade e por justiça de sua pura bondade. Já que sou a maldade total e Ele é a bondade total, é necessário que eu tenha a totalidade de sua bondade antes que minha maldade possa ser estancada. Minha pobreza não pode se contentar com menos. E sua bondade não me permitiria mendigar, uma vez que é pujante e forte. Eu seria forçada a mendigar se Ele não me desse a totalidade de sua bondade, já que sou a maldade total. Pois qualquer coisa menor do que a totalidade da abundância de sua bondade não poderia preencher o abismo profundo de minha própria maldade. Desse modo, recebo em mim da sua bondade, por bondade, a totalidade da sua bondade divina e a recebi sem começo e a receberei sem fim. Ele sempre soube dessa necessidade e, por isso, eu a tive sempre pelo conhecimento de sua sabedoria divina, pela vontade de sua pura bondade divina, pela obra de seu poder divino. (Pois de outra forma, se Ele não agisse continuamente assim comigo, eu não existiria. Por isso digo que sou a salvação de toda criatura e a glória de Deus. Assim como Cristo, por sua morte, é a redenção das pessoas e a glória de Deus Pai, eu sou, por minha maldade, a salvação da raça humana e a glória de Deus Pai.) Pois Deus Pai deu a seu Filho toda a sua bondade, que Deus deu a conhecer à linhagem humana por meio da morte de Jesus Cristo, seu Filho, que é a glória eterna do Pai e a redenção da criatura humana.

(*Alma*): Ao mesmo tempo vos digo, diz essa Alma, que Deus Pai verteu em mim toda a sua bondade, dando-a a mim. Essa bondade de Deus é dada a conhecer à linhagem humana por meio de minha maldade. Assim, portanto, transparece claramente que sou a glória eterna de Deus e a salvação da criatura humana, pois a salvação de toda criatura não é senão a compreensão da bondade de Deus. Portanto, como todos terão a compreensão da bondade de Deus por meu intermédio, bondade essa que cria tal bondade em mim, essa bondade será compreendida por eles por meu intermédio, e não seria nunca compreendida se não fosse a minha maldade. Assim, por minha maldade, a bondade divina será por eles conhecida, e sua salvação não é outra coisa senão compreender a bondade divina. Portanto, sou a causa da salvação de toda a criatura, já que a bondade de Deus é por elas conhecida por meu intermédio. E como a bondade de Deus é compreendida por meu intermédio, sou sua única glória e sua única louvação. Pois sua glória e sua louvação não são outra coisa senão a compreensão de sua bondade. Nossa salvação e toda a sua vontade não se fundam em outra coisa a não ser na compreensão de sua bondade divina, e eu sou a causa disso.

Pois a bondade de sua natureza pura é compreendida pela maldade de minha natureza cruel; não tenho a possibilidade de ter sua bondade senão por causa de minha maldade.

Assim, não posso perder jamais a sua bondade, pois não posso perder minha maldade. E esse ponto, sem dúvida alguma, me foi assegurado por sua bondade. A própria natureza de minha maldade adornou-me com tal dom e não nenhuma obra de bondade que eu tenha feito ou que alguém pudesse fazer. Nada disso me dá conforto ou esperança, somente minha maldade, pois por meio dela tenho essa certeza.

Agora haveis visto – e podeis vê-lo se há em vós um pouco de luz – como, em que coisa e por qual coisa sou a salvação de toda a criatura e a glória de Deus. E como tenho toda a sua bondade, sou o mesmo que Ele é, por transformação de amor, pois o mais forte transforma em si o mais fraco.

Essa transformação é plena de delícias, como o sabem os que a provaram. Não há pupila do olho que seja tão delicada, o que quer que nela coloquemos, seja fogo, ou ferro, ou pedra – o que seria o seu fim – como o é o amor divino, se fazemos algo contra ele e se não estamos sempre no plano perfeito de sua vontade pura.

Desse modo podeis entender como minha maldade é a razão pela qual tenho sua bondade, por conta da necessidade que tenho. Pois algumas vezes Deus permite que algum mal seja feito em nome de um bem que nasce posteriormente. Todos os que são plantados pelo Pai e vêm a esse mundo, desceram da perfeição à imperfeição para alcançar a perfeição maior. E lá a ferida é aberta, para curar os que foram feridos sem o saber. Tal gente se humilha por si. Eles levaram a cruz de Jesus Cristo, na obra de bondade onde levam a sua própria.

❧ 118 ❧
Dos sete estágios da Alma devota, que também chamamos de estados

(*Alma*): – Prometi, quando Amor me aprisionou, dizer alguma coisa sobre os sete estágios, que chamamos estados, pois eles assim o são, diz essa Alma. Esses são os graus por meio dos quais ascendemos do vale ao cume da montanha, tão isolado que aí não vemos senão Deus, e cada grau está estabelecido num determinado estado.

O primeiro estado

O primeiro estado, ou grau, é aquele no qual a Alma, tocada por Deus por meio da graça e despojada de seu poder de pecar, tem a intenção de observar em sua vida, isto é, mesmo que tenha que morrer, os mandamentos de Deus, por Ele ordenados na Lei. Portanto, essa Alma observa e considera, com grande respeito, que Deus lhe ordenou amá-lo com todo o seu coração, e também o seu próximo como a si mesma. Assim, parece a essa Alma ser grande trabalho para ela fazer tudo o que sabe fazer. E lhe parece que, mesmo que ela vivesse por mil anos, seu poder se ocuparia totalmente em manter e obedecer os mandamentos.

A Alma Livre: – Em tal ponto e em tal estado me encontrei por um tempo (isso já foi dito), diz a Alma Livre. Porém, que ninguém tema chegar ao mais elevado; isso não ocorrerá se tiver o coração gentil e interiormente pleno de coragem. Contudo, o coração pequeno não ousa empreender algo grande, nem subir ao alto, por falta de amor. Tal gente é muito covarde. Mas isso não é surpreendente, pois eles permanecem na indolência que não os deixa buscar Deus, o qual não encontrarão se não o buscarem diligentemente.

O segundo estado

O segundo estado, ou grau, é aquele no qual a Alma considera o que Deus aconselha a seus amados especiais e que vai mais além do que aquilo que ordena. E aquele que se abstém de fazer tudo o que sabe que pode agradar o seu Amado, não é amante. Assim a criatura se abandona e se esforça por agir sob todos os conselhos dos homens, na obra de mortificação da natureza, desprezando as riquezas, as delícias e as honras, para realizar a perfeição do conselho do Evangelho, do qual Jesus Cristo é o exemplo. Portanto, ela não teme a perda do que possui, nem a palavra das pessoas, nem a fraqueza do corpo, pois seu Amado não as teme e a Alma tomada por Ele também não as pode temer.

O terceiro estado

O terceiro estado é aquele no qual a Alma se considera no sentimento do amor da obra de perfeição, no qual seu espírito decide, por um desejo borbulhante de amor, multiplicar nela tais obras. Isso acontece pela sutileza da compreensão do entendimento de seu amor, que não sabe como oferecer a seu Amado, para reconfortá-lo, nada que não seja o que Ele ama. Pois no amor não é valorizado outro dom, senão o de dar ao amado a coisa mais amada.

Agora a vontade dessa criatura não ama senão as obras de bondade, por meio do rigor das grandes realizações dos trabalhos nos quais ela pode nutrir seu espírito. Daí lhe parece, por justa razão, que ela não ama senão as obras de bondade e, por isso, não sabe o que dar a Amor, se não lhe faz esse sacrifício. De fato, nenhuma morte lhe seria um martírio, exceto a que consiste na abstinência da obra que ela ama, que constitui a delícia de seu prazer e da vida da vontade que disso se nutre. Por isso, ela abandona tais obras, nas quais encontra tal delícia, e leva à morte a vontade que aí encontrava a vida. Para realizar esse martírio, ela se obriga a obedecer outra vontade, abstendo-se das obras e da vontade, realizando a vontade de outro para destruir sua vontade. E esse é mais difícil, muito mais difícil do que os outros dois estados acima mencionados. Pois é mais difícil derrotar as obras da vontade do espírito do que derrotar a vontade do corpo ou realizar a vontade do espírito. Portanto, é necessário pulverizar-se, rompendo-se e suprimindo-se, para alargar o lugar onde Amor gostaria de estar, e aprisionar-se em vários estados, para liberar-se de si mesmo e alcançar o seu estado.

O *quarto estado*

O quarto estado é aquele no qual a Alma é absorvida pela elevação do amor nas delícias do pensamento na meditação, e abandona todos os trabalhos externos e a obediência a qualquer outro pela elevação da contemplação. Portanto, a Alma está tão impenetrável, nobre e deliciada, que não suporta nenhum tipo de toque, exceto o toque da pura delícia do Amor, com o qual está singularmente inebriada e feliz. Isso a torna orgulhosa da abundância do amor, por meio do qual ela é senhora do esplendor, isto é, da claridade de sua alma, que a torna maravilhosamente preenchida de amor de grande fé, por concordância da união que colocou suas delícias em seu poder.

Portanto, essa Alma acredita que não há vida mais elevada do que essa, sobre a qual ela exerce o domínio. Pois Amor a satisfez tanto com suas delícias que ela não crê que Deus tenha um dom maior para dar a essa Alma aqui embaixo do que tal amor que Amor, por amor, derramou dentro dela.

Ah, não é surpreendente que tal Alma esteja enlevada, pois Gracioso Amor a torna completamente inebriada, tão inebriada que não a deixa compreender nada fora dele pela força com a qual a delicia. Conseqüentemente, a Alma não pode valorizar outro estado, pois o grande brilho de Amor ofuscou tão completamente a sua visão que não a deixa ver nada que não seja o seu amor. E aí essa Alma está enganada, porque há outros dois estados que Deus dá aqui embaixo que são mais elevados e mais nobres que este. Mas Amor enganou muitas almas pela doçura do prazer de seu amor, que sobrepuja a Alma assim que dela se aproxima. Contra tal força ninguém pode se opor: isso a Alma sabe, a quem Amor, por meio do perfeito amor, transportou para além de si mesma.

O *quinto estado*

O quinto estado é aquele no qual a Alma considera que Deus é, Ele por meio de quem todas as coisas são, e ela não é, se não é onde todas as coisas são. E essas duas considerações lhe trazem uma perplexidade maravilhosa. Ela vê que Ele é a bondade total que colocou nela uma vontade livre, nela que não é senão na maldade total.

Portanto, a Bondade divina colocou nela a vontade livre, por pura bondade divina. Assim, encerrada dentro daquela que não é senão na maldade está a livre vontade do ser de Deus, que é o ser, e que quer que aquele que não tem ser tenha ser por meio desse seu dom. Por isso a Bondade divina emana frente a ela um extático transbordamento do movimento da Luz divina. Esse movimento da Luz divina, que é espalhado dentro da Alma por meio da luz, mostra à Vontade da Alma a correção daquilo que é e a compreensão do que não é para assim mover a vontade da alma do lugar onde ela está e não deveria estar, e remetê-la para lá onde ela não está, de onde veio e onde deve estar.

Agora a Vontade vê, pela luz do transbordamento da Luz divina (tal Luz se dá a tal Vontade para remeter a Deus essa Vontade, que não pode retornar sem tal Luz), que não pode se beneficiar se não se separar de sua vontade própria. Pois sua natureza é má, em virtude da tendência para o nada para o qual a natureza está inclinada e a vontade a colocou em menos que o nada. Agora a Alma vê essa inclinação e essa perdição do nada de sua natureza e de sua própria vontade. Por meio da Luz, ela vê que a Vontade deve querer somente a vontade divina, sem outro querer, e que por isso lhe foi dada essa vontade. Por isso, a Alma se separa dessa vontade e a vontade se separa da Alma e se remete, se dá e se entrega a Deus, lá onde teve sua origem, sem nada reter de seu, para realizar a perfeita vontade divina, que não pode ser realizada na Alma sem tal dom, de tal forma que a Alma não tenha guerra ou deficiência. Esse dom realiza nela essa perfeição e a transforma na natureza de Amor, que a deleita com uma paz total e a satisfaz com o alimento divino. Por isso, ela não se preocupa mais com a guerra da natureza, pois sua vontade foi, com despojamento, recolocada no lugar de onde foi tomada, onde por direito ela deve estar. E essa Alma sempre esteve em luta, pelo tempo no qual reteve dentro dela a Vontade fora de seu ser.

Agora essa Alma é nada, pois vê seu nada por meio da abundância da compreensão divina, que a faz nada e a coloca no nada. E assim ela é tudo, pois vê por meio da profundidade da compreensão de sua própria maldade, que é tão profunda e tão grande que ela aí não encontra nem começo, nem meio, nem fim, exceto um abismo abissal sem fundo. Lá ela se encontra, sem se encontrar e sem encontrar o fundo. Não encontra a si mesmo quem não pode alcançar a si mesmo. E quanto mais alguém se vê em tal compreensão da maldade, mais compreende, na verdade, que não pode compreender sua maldade, nem o menor ponto que faz dessa Alma um abismo de maldade, um precipício onde ela se abriga e se manifesta. Tal é a inundação do pecado que contém em si toda a perdição. Assim, tal Alma se vê, sem se ver. E quem faz com que veja a si mesma? É a profundidade da humildade, que a coloca no trono e reina sem orgulho. Lá, o orgulho não pode mais penetrar porque ela vê a si mesma e assim não se vê. Esse não-ver faz com que ela se veja perfeitamente.

Agora essa Alma descansa nas profundezas, onde não há mais fundo, e por isso é profundo. Essa profundeza lhe faz ver muito claramente o verdadeiro Sol da altíssima bondade, pois ela não tem nada que lhe impeça essa visão. A Bondade divina se mostra a ela por bondade e a atrai, transforma e une pela conjunção da bondade, na pura Bondade divina, a qual é a senhora. A compreensão dessas duas naturezas das quais falamos, a Bondade divina e a maldade (da Alma) é o instrumento que lhe deu essa bondade. Por isso ela deseja somente um: o Esposo de sua juventude, que é somente um. A Misericórdia fez as pazes com a firme Justiça, transformando tal Alma em sua bondade. Agora ela é tudo e, assim, não é nada, pois seu Bem-Amado a fez una.

Agora essa Alma caiu do amor no nada, sem o qual ela não pode ser tudo. A queda é tão profunda, se ela caiu corretamente, que a Alma não pode se erguer de tal abismo. Também não deve fazê-lo, ao contrário, deve aí permanecer. E a Alma perde o orgulho e a juventude, pois o espírito tornou-se velho e não a deixa mais entregue ao prazer e à frivolidade, pois a vontade, que freqüentemente a fazia desdenhosa, orgulhosa e impenetrável na elevação da contemplação do quarto estágio, a deixou. Mas o quinto estágio a fez avançar e mostrou a Alma a si mesma. Agora ela se vê e compreende a Bondade divina, o que a faz rever a si mesma. E esses dois olhares lhe tiram a vontade, o desejo e as obras de bondade. Por isso ela está em repouso e de posse de um estado de liberdade que, por excelente nobreza, a faz descansar de todas as coisas.

O sexto estado

O sexto estado é aquele no qual a Alma não se vê mais, qualquer que seja o abismo de humildade que tenha em si;

nem vê Deus, qualquer que seja a altíssima bondade que Ele tenha. Mas Deus se vê nela por sua majestade divina, que, por si, clarifica essa Alma de tal forma que ela não vê nada que não seja Deus mesmo, Aquele Que É, no qual todas as coisas são. E esse que é, é Deus mesmo. Por isso, ela não vê senão a si mesma, pois quem vê Aquele Que É, não vê senão Deus mesmo, que se vê nessa Alma mesma por sua majestade divina. Assim, no sexto estado, a Alma está liberada de todas as coisas, pura e clarificada – mas não glorificada, pois a glorificação se dá no sétimo estado, que teremos em glória e do qual ninguém sabe falar. Mas essa Alma, assim pura e clarificada, não vê nem Deus, nem a si mesma, mas Deus se vê por si nela, para ela, sem ela. Deus lhe mostra que não há nada fora dele. Por isso, essa Alma não conhece senão Ele, não ama senão Ele, não louva senão Ele, pois não há nada senão dele. Pois o que quer que exista, existe por sua bondade e Deus ama sua bondade, qualquer que seja a parte que tenha dado por bondade. E a bondade dada é o próprio Deus e Ele não pode separar-se de sua bondade como se ela não permanecesse nele. De fato, Ele é o que a bondade é e a bondade é o que Deus é. Por isso, no sexto estado, no qual a Alma é clarificada, a Bondade se vê por sua bondade por meio da luz divina. E nada é, exceto Aquele Que É, que se vê em tal ser em sua majestade divina, por meio da transformação de amor da bondade que emana e que retorna a Ele. Desse modo, Ele se vê por si em tal criatura, sem nada dar como propriedade à criatura. De fato, tudo é seu, propriamente seu. Esse é o sexto estado, que prometemos falar aos ouvintes (sic), sobre a realização de Amor; e Amor, por sua iniciativa, pagou esse débito por sua elevada nobreza.

Quanto ao sétimo estado, Amor o guarda em si para nos dar na glória eterna, e dele não teremos compreensão até que nossa alma tenha deixado nosso corpo.

✧ 119 ✧
Como a Alma que fez com que este livro fosse escrito se desculpa por tê-lo feito tão longo em palavras, pois ele parece pequeno e breve para as Almas que permanecem no nada e que caíram do amor em tal estado

Alma: — Ah, damas desconhecidas, diz a Alma que fez com que este livro fosse escrito, que estais no ser, e estando sem vos separar do Ser em nada conhecido, verdadeiramente não sois em nada conhecidas; mas isso é no país onde a Razão tem o domínio. Eu me desculpo convosco que permaneceis no nada e que caístes do Amor em tal estado, pois fiz este livro muito extenso em palavras, embora ele vos pareça muito pequeno, se vos posso compreender. Agora, por cortesia, desculpai-me, pois a necessidade não tem lei. Eu não sabia a quem falar de meu entendimento. Mas agora reconheço, por vossa paz e pela verdade, que ele é inferior. Covardia o guiou, que à Razão cedeu o entendimento pelas respostas de Amor às suas questões. Assim, ele foi feito de acordo com a ciência humana e com os sensos humanos, e a razão humana e os sensos humanos nada sabem sobre o amor interior, nem o amor interior nada sabe da ciência divina. Meu coração foi atirado tão alto e desceu tão baixo que não posso completá-lo (este livro). Pois tudo que podemos dizer ou escrever sobre Deus, ou que podemos pensar, que é mais que dizer, é mais como mentir do que como dizer a verdade.

Eu disse, diz essa Alma, que Amor fez com que ele fosse escrito de acordo com a ciência humana e de acordo com a vontade de transformação de meu entendimento, que me obstruíam, como aparece neste livro. Na verdade, Amor o fez, ao desobstruir meu espírito em virtude desses três dons sobre os quais falamos. Por isso declaro que ele é inferior e muito pequeno, por mais que tenha me parecido grande quando comecei a mostrar esse estado.

❧ 120 ❧
Como Verdade louva tais Almas

Verdade louva essas que estão nesse estado e diz:

Ó esmeralda e pedra preciosa,
Diamante verdadeiro, rainha e imperatriz,
Tudo dais a partir de vossa perfeita nobreza,
Sem pedir a Amor suas riquezas,
Mas somente a vontade de seu divino prazer.
Assim é o direito da justiça,
Pois é o caminho certo a percorrer
Do Amor Cortês, para quem o quer manter.
Ó nascente profunda e fonte selada,
Onde o sol sutilmente se oculta,
Lançais vossos raios, diz Verdade, pela ciência divina;
Nós o sabemos pela verdadeira sabedoria:
Vosso resplendor nos faz sempre reluzir.

Alma:

Ó verdade, diz essa Alma, por Deus,
Não digais que por mim mesma
Posso eu dizer algo sobre ele, senão por meio dele;
Essa é a verdade, não duvidais,
Pois nisso nunca fui senhora de mim mesma.
E se vos satisfaz saber de quem sou,
Por pura cortesia vos direi:
Amor me mantém tão completamente sob seu domínio,
Que não tenho sentidos, nem vontade, nem razão
para nada fazer
Se não, sabei, por meio dela.

❧ 121 ❧
Santa Igreja louva essa Alma

(*Santa Igreja*):

Cortês e bem instruída, diz Santa Igreja,
como isso é sabiamente dito.
Sois a estrela verdadeira, que anuncia o dia,
O puro sol sem mácula, sem traço de impureza,
E a lua plena, que nunca míngua,
Sois assim o cortejo,
que precede o Rei.
Viveis totalmente do grão,
Que não tem mais vontade,
Enquanto os que vivem da palha, dos resíduos da moagem
E da bruta forragem,
Mantiveram o uso da humana vontade.
Tal gente é serva da lei,
Mas essa Alma está acima da lei,
Não contrária à lei.
Verdade é testemunha:
Ela é plena e realizada,
Deus está em sua vontade.

Alma:

Ah, dulcíssimo Amor Divino,
Que estais na Trindade,
Tal é minha alegria, que me espanta
Como podem durar
Aqueles que Razão e Temor governam,
E Desejo, Obras e Vontade,
E que não conhecem a grande nobreza de nada falar.

A Santa Trindade:

Ó pedra celestial, diz a Santa Trindade,
Eu vos peço, cara filha, deixai estar.
Não há no mundo clérigo tão grande
Que saiba disso vos falar.
Estivestes sentada à minha mesa,
Meus víveres vos dei,
Assim estais bem instruída,
E bem saboreastes meus víveres,
E meus vinhos do barril pleno,
Com os quais estais tão preenchida,
Que apenas o buquê vos faz inebriada,
E jamais mudarás.
Agora haveis provado meus alimentos,
e saboreado nossos vinhos,
Diz a Santa Trindade,
Ninguém senão vós sabe disso falar,
Por isso não poderíeis, qualquer que seja o preço,
a qualquer outra prática seu coração dar.
Eu vos peço, cara filha,
Minha irmã e bem-amada,
Que por amor não queirais revelar
Os segredos que sabeis.
Os outros se danariam
Lá onde vos salvaríeis,
Porque Razão e Desejo os governam,
E Temor e Vontade.
Sabei, contudo, filha eleita,
Que o paraíso lhes é dado.

A Alma eleita:

O paraíso?, diz essa alma eleita. Não poderíeis conceder-lhes outra coisa? Desse modo os assassinos o terão, se quiserem clamar por piedade! Mas não por isso me calarei, ainda que o desejais. Por isso recitarei os versos de uma canção, com a permissão de Amor Cortês.

❧ 122 ❧
Aqui a Alma inicia sua canção

(*Alma*): Em vista da elevada ascensão e da preciosa entrada e da digna permanência da criatura humana na doce humanidade do Filho de Deus, nosso salvador, humanidade que a divindade estabeleceu na mais alta possessão do paraíso, lá no alto, à direita de Deus Pai, por nós unido ao Filho, por isso, portanto, maravilhai-vos, rendendo-lhe graças e agradecimento; pois desde esse dia, por cortesia, Amor me libertou. De quem? De mim mesma, dos meus próximos, e de todo mundo, da afeição do espírito e das Virtudes, às quais servi pela submissão ao domínio da Razão. Aqui vos direi a verdade sobre isso:

Tão idiota fui,
No tempo em que as servia,
Que com meu coração
Não vos poderia expressar.
Enquanto as servi e mais as amei,
Amor, por alegria, me fez
Dela ouvir falar.
Contudo, tão simples como eu era,
E por pouco que a considerasse,
Fui tomada pela vontade de amar Amor.

E quando Amor me viu pensar nela, por causa das Virtudes, não me recusou, ao contrário, livrou-me do pequeno serviço que a elas prestava e me conduziu para a escola divina. Lá me reteve sem que eu fizesse nenhum serviço, e lá fui por ela preenchida e saciada.

Pensar de nada me vale,
Nem obra, nem eloqüência.
Amor me levou tão alto
(Pensar de nada me vale)
Com seu divino olhar,

Que não tenho nenhum entendimento
Pensar de nada me vale,
Nem obra, nem eloqüência.

Amor me fez, por nobreza,
Esses versos de canção encontrar.
Ela é da Deidade pura,
Sobre a qual Razão não sabe falar,
E um amado
Que tenho, sem mãe,
Que proveio
De Deus Pai
E de Deus Filho também.
Seu nome é Espírito Santo,
Com o qual tenho no coração tal união,
Que me faz viver na alegria.
Esse é o país da nutrição
Que o amado dá se o amamos.
Nada lhe quero pedir,
Pois grande seria minha maldade.
Devo, sobretudo, confiar-me
Ao amor de tal amante.

Bem-amado de natureza gentil
Muito há para vos louvar:
Generoso, cortês sem medida,
Soma de toda bondade,
Nada quereis fazer, amado,
Sem minha vontade.
Assim, não devo mais calar
Sobre vossa beleza e bondade.
Sois poderoso para mim, e sábio,
Isso não posso ocultar.
Ah, a quem o direi?
Um Serafim não o saberia dizer.

Amado, prendeste-me em teu amor,
Para tão grande tesouro me dar,

Ou seja, o dom de ti mesmo,
Que é a bondade divina.
O coração não pode isso expressar,
Mas o puro nada querer o refina,
E assim tão alto me fez ascender,
Na concordância e na união,
Que não devo jamais revelar.

Por um tempo estive reclusa
Na servidão de uma prisão,
Quando o desejo me aprisionava
Na vontade do afeto.
Lá me encontrou a luz
do ardente amor divino,
E logo meu desejo eliminou,
Minha vontade e meu afeto,
Que impediam a realização
Do pleno amor divino.

Agora a luz divina
Da prisão me libertou,
E por gentileza me uniu
À divina vontade de Amor,
Lá onde a Trindade me deu
A delícia de seu amor.
Esse dom nenhum homem o conhece,
Enquanto à virtude ainda serve,
Ou ao sentimento da natureza, pelo uso da razão.

Amigos, o que dirão as beguinas,
E a gente da religião,
Quando ouvirem a excelência
De vossa divina canção?
As beguinas dirão que eu erro,
Padres, clérigos e pregadores,
Agostinianos, e carmelitas,
E os freis menores,
Porque escrevi sobre o estado

Do Amor purificado.
Não salvo a Razão deles, que lhes fez a mim isso dizer.
Desejo, Vontade e Temor, por certo
Deles tomam a compreensão,
E a afluência e a união da elevadíssima luz
do ardor do divino amor.

Verdade declara ao meu coração,
Que sou a amada de um só,
E diz que isso não tem retorno,
Que ele me deu seu amor.
Esse dom elimina meu pensamento
Com a delícia de seu amor,
Delícia que me exalta e me transforma pela união
Na alegria eterna
Do ser do Amor divino.

E divino Amor me disse
Que ela em mim entrou,
E por isso ela pode tudo
o que quiser,
Tal força ela me deu,
Do amado que tenho no amor,
A quem fui prometida,
Que quer que eu o ame,
E por isso o amarei.

Eu disse que o amarei
Eu minto, pois eu não sou.
É ele só que me ama:
Ele é, e eu não sou.
E nada mais me falta,
Se não o que ele quer,
E o que ele vale.
Ele é pleno,
E com isso sou plena
Esse é o âmago divino
E o amor leal.

Aqui seguem algumas considerações para os que estão no estágio dos tristes e que perguntam pelo caminho para a terra da liberdade.

✑ 123 ✑
A primeira consideração é sobre os apóstolos

Quero tecer algumas considerações para os tristes, que perguntam pelo caminho para o país da liberdade, considerações que me fizeram muito bem no tempo em que eu era uma dos tristes, e quando eu vivia de leite e de mingau e quando era ainda ignorante. Essas considerações me ajudaram a suportar e a resistir ao tempo no qual eu estava fora do caminho e me ajudaram a encontrá-lo; de fato, perguntando se vai muito longe e se encontra o próprio caminho e a ele se retorna, quando dele saímos.

Primeiramente perguntei ao meu pensamento por que Jesus Cristo disse aos seus apóstolos: "É necessário que eu me vá, pois se eu não for, disse Ele, não podereis receber o Espírito Santo". Tive então a resposta da Justiça, que me disse que Jesus Cristo lhes disse isso porque eles o amavam muito ternamente segundo sua natureza humana e debilmente segundo sua natureza divina. Por isso Ele disse: "É necessário que eu me vá". Isso para eles foi duro de ouvir, mas por meio dessa dureza puderam se aperceber de seu amor, e que Ele era natural e não divino. A verdade do que ouviram não lhes foi dura nem estranha, mas ficaram perturbados em sua compreensão, pois eram ainda grosseiros em seu amor. Entretanto, eles ainda tinham a doce graça de Deus. Pois esse tipo de amor não nos afasta da graça de Deus, é sobretudo por sua graça que o temos. Contudo, impede os dons do Espírito Santo, que não podem suportar, exceto o amor divino, puro, sem a mistura da natureza.

✣ 124 ✣
A segunda consideração é sobre Madalena

Em seguida, considerei a doce Madalena e que serviço ela realizou para a chegada de Jesus Cristo, seu hóspede, que freqüentemente ficava na casa de Maria, pela grande familiaridade que tinha com Ele e com seus apóstolos. Mas isso não lhe alterava em nada, pois Maria não se movia, qualquer que fosse a necessidade de fazer algo. E mesmo que Nosso Senhor Jesus Cristo freqüentemente retornasse descalço, com sua bendita cabeça fatigada, e que estivesse em jejum e cansado, rejeitado por todos, sem ter alguém que lhe desse de comer e de beber, e que Madalena soubesse disso tudo, ainda assim ela não se movia por algo que faltasse ao seu corpo e encarregava sua irmã Marta de servi-lo, que disso se ocupava. Mas amá-lo não tocava a ninguém, senão a ela mesma.

Considerei também Maria quando ela buscou Jesus Cristo no túmulo e não o encontrou, mas aí encontrou dois anjos que lhe falaram, oferecendo-lhe conforto. Porém, Maria não aceitou nenhum conforto, não mais do que se fossem as sombras de dois anjos que o oferecessem. Maria queria o verdadeiro Sol, que cria os anjos e, assim, não podia ser reconfortada pelos anjos.

Ah, Deus, Maria! Quem eras quando buscavas e amavas humanamente com a afeição da ternura que invadia teu espírito, e quem eras, amiga, quando não mais buscavas e estavas unida no amor divino sem a afeição de teu espírito?

Depois disso, considerei como Maria cultivou a terra de seu Senhor, que Ele lhe havia confiado; aí semeou os grãos de trigo sem mistura, que se une a esse trabalho, e que em seguida o Senhor faz dar cem frutos por cada um.

Mas isso não aconteceu até que Maria tivesse feito o que podia e o que devia. E quando ela fez o que podia e o que devia por Deus, que lhe requisitava isso, e que por isso a havia criado de si por ela, então Maria repousou, sem realizar nenhuma obra própria; e Deus, gentilmente, realizou a sua em Maria, por Maria, sem Maria. Pois Maria havia feito a sua parte e o resto não dependia mais dela, mas do Senhor que lhe havia dado tal terra para cultivar.

Aqui vos direi como, para as crianças, pois para os sábios não o digo.

Quando um homem possui uma terra e a necessidade faz com que dessa terra tire o seu sustento, ele ara, cultiva e escava essa terra, da forma que pensa ser a mais eficaz para que ela renda mais ao produzir o trigo que nela devemos semear. Assim deve viver quem trabalhou a terra e nela plantou o trigo. Essas duas coisas são imperativas que ele faça antes que possa ter os frutos de sua terra para viver. Mas quando o sábio trabalhador cultivou e cavou sua terra e dentro dela colocou o trigo, todo o seu poder não pode mais ajudar. É preciso que ele deixe o resto ao cuidado de Deus, se quer ter um bom resultado em seu trabalho. Por si ele não pode fazer mais nada, e isso podeis ver pelo conhecimento da natureza. Contudo, é necessário que o trigo se desintegre na terra antes que qualquer novo fruto possa surgir dele para sustentar o trabalhador, não importa o quanto ele tenha trabalhado. Como esse grão se desintegra e como revive para render cem vezes mais frutos em grande multiplicação? Ninguém o sabe senão Deus, que sozinho realiza essa obra, mas somente após o lavrador ter feito o seu trabalho, e não antes.

Paralelamente, na verdade, vos falei sobre Maria. A terra que Maria cultivou foi seu corpo que ela colocou em aflição nas operações extremas e singulares dos ardentes desejos, que a faziam correr por sua terra, lavrando-a com obras de bondade, com as quais cultivava sua própria terra em tudo que sabia ser mais valioso para trazer a verdadeira semente da graça de Deus. De fato somente uma boa obra não engendra as virtudes, mas muitas na verdade as certificam, e a virtude faz as obras perfeitas. Portanto, era necessário que Maria realizasse muitas obras antes que as virtudes fossem perfeitas nela.

Ouvistes como Maria trabalhou cultivando a terra que Deus lhe deu para cultivar. Agora vos direi sobre o trigo sem mistura que Maria semeou em seu labor. Na realidade, tratava-se da pura intenção que ela dirigia a Deus. Quando essa intenção é de fato por amor a Deus, é muito difícil que a obra seja má e que ela não produza algum fruto. Tal era a sua intenção em tudo o que ela fazia, pois sua afeição estava sempre em Deus, por amor do qual ela cultivava e semeava a sua terra, que Ele lhe deu para cultivar. Ela tinha tal cultivo a fazer em virtude do pecado e, dessa maneira, foram aplainadas as grandes irregularidades de seu terreno.

Agora podeis perguntar como pode ser isso, que a obra de bondade realizada por meio da intenção correta possa estar na alma por culpa do pecado. Esse não foi sempre o caso, nem para todos. Se ela esteve em Jesus Cristo, isso foi por culpa da raça humana, e se está em nós, é de fato por nossa culpa, embora os cegos chamem essa vida de verdadeira perfeição, e que assim a nomeemos para aqueles que não vêem e que verdadeiramente não o poderiam entender. Os que têm dois olhos a chamam de culpa do pecado, e, sem dúvida, ela assim é. Pois, do mesmo modo como é necessário que a criança tenha em si e realize as obras da infância antes de ser um homem feito, do mesmo modo é necessário que um homem seja ignorante e tolo por meio de suas obras humanas, antes que possua o verdadeiro âmago do estado da liberdade, no qual a alma age pelo exercício divino, sem sua própria obra. E, com certeza, esse exercício divino pára e cessa de operar em nós por nossa culpa, seja por obras de bondade ou por obras de maldade.

Haveis ouvido que a obra de bondade é uma culpa do pecado; agora vos direi por quê. Isso é porque o menos está no lugar do mais e por nossa culpa o menos aí se estabelece convenientemente e nos faz perder o gentil estado divino. Pois, à medida que temos em nós as obras de bondade, que são o menos, não podemos ter em nós o gentil estado divino que não pode junto disso residir, é muito grande para residir com essa hóspede estranha. Mas a Maria era necessário tê-las, por causa da culpa sobre a qual ouvistes. Ela possuía com tanto ardor tal obra de bondade, estava tão ocupada com ela e tão fortemente obstruída, que essa obstrução que a aprisionava, a liberou verdadeiramente de si mesma. Agora Maria arou e semeou sua terra: o cultivo são as difíceis obras da perfeição e a semente é a intenção pura. Nós devemos essas duas obras em virtude de nossa culpa, contudo, nosso cultivo não pode ir mais adiante, por isso é preciso que Deus faça o resto, e assim Ele o faz, como se vê claramente em Maria. Pois Maria foi liberada de si após haver trabalhado a sua terra, depois de ter realizado o que estava nela. Portanto, é necessário que Deus faça o resto sem ela, por ela, nela, uma vez que ela tinha feito o que devia fazer. Ela deixou que Deus decidisse o que fazer por ela, após ter feito o que estava nela. E assim também deveríamos fazer. Contudo, como o seu cultivo e o seu trabalho renderam nela, por ela, e como Maria teve essa vida onde os frutos rendem cem vezes mais por meio de grande multiplicação, isso ninguém sabe senão Deus, que realiza essa multiplicação. Essa obra Ele fez em Maria no deserto de Maria, quando Maria repousou de si; não quando ela o buscava por si mesma, mas quando a bondade divina nela repousou. E essa bondade fez com que Maria encontrasse a paz por si, sem Maria, por Maria.

Então Maria viveu do novo fruto que veio somente da obra de Deus. Assim realizou o trabalho, encarregando-se do cultivo e da semente, mas não do fruto; portanto, Maria alcançou o curso de seu ser não quando estava falando ou buscando, mas ao se calar e repousar.

❧ 125 ❧
A terceira consideração é sobre
João Batista

Em seguida considerei o santo supremo que é o doce Batista, e como ele foi santificado no útero de sua mãe, embora não desse importância a si mesmo por isso. E o considerei com perplexidade, pois ele indicou Jesus Cristo a dois de seus discípulos para que eles o seguissem e, ainda assim, ele próprio permaneceu quieto. Não se encontra escrito que São João tenha partido do deserto para ver Jesus Cristo em sua natureza humana. Ele se contentava com seu estado, sem buscá-lo, e a bondade divina fazia suas obras nele, que o satisfaziam sem a imposição de buscar a humanidade.

E depois disso, considerei quando Jesus Cristo foi vê-lo no deserto, como João se impôs não reter Jesus Cristo em sua pessoa humana e não acompanhá-lo. Depois considerei quando ele pregava sobre Nosso Senhor Jesus Cristo, e se diz que Jesus Cristo sentou e participou do sermão do dulcíssimo Batista, mas Batista não se desviou de sua intenção, não mais do que antes, pois a divindade ocupava totalmente sua mente.

Em seguida, considerei quando ele batizou Jesus Cristo e, ao fazê-lo, tocou no Deus Filho e ouviu a voz de Deus

Pai, e viu também o Espírito Santo. A quem ele mostrou isso? Ele não o ocultou? Ele se orgulhou disso? Não. Ele não se preocupava com isso, só se preocupava em agradar aquele que fazia essa obra por sua bondade.

✌ 126 ✌
A quarta consideração é sobre a Virgem Maria

A seguir considerei a doce Virgem Maria, que foi perfeitamente santificada. A quem ela mostrou ou revelou isso, ou de quem o escondeu? A ninguém. Ela não se importava com tal obra e nem a ela se apegava.

Depois a considerei no que diz respeito à sua virgindade; mas penso sobre ela que, se todo o mundo devesse ser salvo por sua mediação, ao preço de seu estado de virgindade, ela nunca consentiria nisso com um só pensamento, pois Jesus Cristo, por sua bondade, poderia fazê-lo por meio de sua morte.

Considerei, então, como ela concebeu o Filho de Deus, Jesus Cristo, pela virtude do Espírito Santo. Penso, na verdade, que nesse momento ela possuía mais conhecimento e amor e louvação da divina Trindade do que todos os que estão em glória, exceto ela. Ah, Senhora, por que não seria assim? Penso sobre o bom Batista – que não é senão um pequeno peixe comparado convosco, Senhora, que sois a baleia – que ele foi mais perfeitamente preenchido com a luz divina no ventre de sua mãe do que os doze apóstolos no dia de Pentecostes, quando receberam a abundância dos dons do Espírito Santo. Ah, Senhora adornada, era necessário que assim fosse, pois penso sobre o Filho de Deus que, se Ele encontrasse em vós qualquer tipo de deficiência, não teria feito de vós a sua própria mãe. Senhora, não é possível que as tivésseis e assim não é possível que não fôsseis sua mãe.

Depois considerei essa dama frente à cruz, assistindo a morte de seu filho, que os judeus crucificaram nu frente a sua face. Ah, que pena! Alguém sabia melhor do que essa dama o quão justo era Jesus Cristo? E não sabia ela que por injustiça o faziam morrer? E não era ela uma mãe com tal conhecimento? Senhora, que mal vosso pensamento desejou a eles por isso? Senhora, o que lhes dissestes por essa crueldade? Senhora, que ação fizestes contra eles pelo crime que cometeram? Senhora, na verdade, se houvesse necessidade teríeis dado vossa vida nessa hora para que eles recebessem o perdão de Deus por esse feito cruel. Mas não havia necessidade disso, pois Jesus Cristo realizou essa reconciliação tão abundantemente e em tal angústia, que foi o suficiente para todos. Por que tão abundantemente? Porque a quantidade de seu sangue abençoado que se poderia ter na ponta de uma agulha seria o suficiente para redimir cem mil mundos, se tantos existissem. Ainda assim Ele o deu em tão grande abundância, que nenhum lhe ficou. E essa consideração fez com que eu deixasse a mim mesma para me fazer viver de acordo com o prazer divino. Eu disse também que essa reconciliação foi realizada em angústia. Por que com tal angústia? Porque penso que se todos os sofrimentos, mortes e outros tormentos, quaisquer que tenham sido, que são, ou que serão, desde o tempo de Adão até o tempo do Anticristo, se todos esses sofrimentos mencionados fossem unidos num só, ainda assim, na verdade, não seriam senão uma pequena ferida, comparados ao sofrimento que Jesus Cristo suportou em seu precioso e digno corpo, de dardos e lanças, por conta da gentileza delicada de sua pureza.

❧ 127 ❧
A quinta consideração é sobre como a natureza divina está unida à natureza humana na pessoa do Filho

Depois disso, considerei como a natureza divina se uniu por nós à natureza humana na pessoa de Deus Filho. Ó Deus verdadeiro, como podemos pensar suficientemente sobre isso? Quem é tão audacioso a ponto de ousar perguntá-lo ou requisitá-lo, se sua própria bondade não o fez? Se Jesus Cristo foi pobre e desprezado e por nós torturado, isso não é surpreendente. Ele não podia evitá-lo, dado o excesso de amor com que nos amou, pois tinha a humanidade, com a qual podia fazê-lo. Mas dizer que a natureza divina tomou a natureza humana ao se unir a ela na pessoa do Filho, quem ousaria questionar tal extremo? Há nisso muito para se pensar, para sermos liberados de nós mesmos para sempre, se permitirmos que a justiça opere em nós. Ah, não deixei que fizesse essa obra! Pois, se lhe tivesse deixado fazer o que lhe agradava, Ele teria me liberado no mesmo momento em que me deu esse pensamento a seu respeito. Mas eu não queria que Ele reparasse em mim o horror de tal perda. Meus pensamentos fizeram-me seguir muitos passos falsos. Eu acreditava poder encontrá-lo por minhas obras, mas não o conseguirei, nem consigo, nem faço outra coisa senão perder.

❧ 128 ❧
A sexta consideração é sobre como a humanidade do Filho de Deus foi torturada por nossa causa

Depois disso, considerei como aquele que era Deus e homem foi vergonhosamente desprezado na terra por minha causa, a grande pobreza na qual se colocou por mim e a morte cruel que sofreu por mim. Nesses três fatos e pontos todos os seus feitos estão contidos, sem compreensão. Ó Verdade, Via e Vida, o que pensar de vós? É mais grandioso inflamar nossos corações no amor por vós, ao pensar em apenas um dos benefícios que haveis feito por nós, do que seria se todo o mundo, o céu e a terra fossem engolidos pelo fogo para queimar um só corpo.

Então considerei a pureza da Verdade, que me disse que não verei a divina Trindade antes que minha alma esteja sem a mácula do pecado, como a de Jesus Cristo, que foi glorificada no mesmo momento em que foi criada pela divina Trindade e unida ao corpo mortal e à natureza divina na pessoa do Filho. Nesse mesmo momento em que foi criada e unida a essas duas naturezas, era tão perfeita quanto é agora. E não poderia ser diferente: como a alma estava unida à natureza divina, o corpo, que era mortal, não podia criar-lhe nenhum impedimento.

Então considerei quem é aquele que ascenderá ao céu. E Verdade me disse que ninguém ascenderá, exceto aquele que de lá desceu, isto é, o próprio Filho de Deus. Isso quer dizer que ninguém ascenderá até lá, exceto aqueles que são filhos de Deus pela graça divina. E por isso o próprio Jesus Cristo disse que "meu irmão, minha irmã e minha mãe são os que fazem a vontade de Deus, meu Pai".

❧ 129 ❧
A sétima consideração é sobre os Serafins e sobre como eles estão unidos à vontade divina

Em seguida considerei os Serafins, e perguntei-lhes que coisa era das obras que Caridade fez por meio do mistério da encarnação da humanidade de Jesus Cristo, se de fato a divina Trindade as criou, ou se ela o fará eternamente na criatura por sua bondade para com a criatura. E Amor me disse que nada disso lhes importava, senão uma coisa, e essa coisa é o querer divino da vontade divina de toda a Trindade. E essa é uma consideração doce e proveitosa, capaz de nos liberar de nós mesmos por nos aproximar do estado no qual devemos estar.

Agora temos sete considerações muito convenientes para os tristes. A primeira é relativa aos apóstolos. A segunda, sobre Madalena, a terceira sobre o Batista, a quarta, relativa à Virgem Maria. A quinta é sobre como a natureza divina está unida à natureza humana na pessoa do Filho. A sexta consideração é sobre como a humanidade foi torturada para nosso bem. A sétima é sobre os Serafins e como são uma só coisa com a vontade divina.

✑ 130 ✑
Aqui a Alma fala de três belas considerações e meditações, e sobre como ela não compreende o poder, a sabedoria e a bondade divinos senão à medida que compreende sua fraqueza, ignorância e maldade

Agora vos direi as considerações que teci na vida acima mencionada, ou seja, na vida triste, no tempo em que não sabia nem como me suportar, nem como me conter. Em primeiro lugar eu considerava a mim mesma, depois considerava Deus, e considerava também como eu queria grandes coisas por Ele. Mais que tudo, eu me gabava e me deliciava dessas três coisas e essas considerações davam-me os meios para eu me conter e me suportar.

Primeiramente refleti e disse: "Senhor Deus, não sei onde estais, pois somente vosso poder divino supremo e eterno compreende isso. Senhor, não sei que coisa sois, pois só a vossa eterna sabedoria divina o sabe. Senhor, não sei quem sois, pois somente a vossa bondade divina e mais que eterna o sabe".

Do mesmo modo, assim falei sobre mim mesma: "Não sei de onde sou, isso o compreende o vosso poder. Não sei que coisa sou, isso o sabe a vossa sabedoria. Não sei quem sou, isso o sabe a vossa bondade".

Então eu assim disse: "Senhor, não sei de onde sois, pois nada sei de vosso eterno poder. Não sei que coisa sois, pois nada sei de vossa sabedoria eterna. Não sei quem sois, pois nada sei da vossa bondade eterna".

Similarmente, disse também sobre mim mesma: "Senhor, não sei de onde sou, pois nada sei de minha extrema fraqueza. Senhor, não sei o que sou, pois nada sei de minha extrema ignorância. Senhor, não sei quem sou, pois nada sei de minha extrema maldade".

Senhor, sois uma só bondade, espalhada por bondade, e toda em vós. E eu sou uma maldade, espalhada por maldade, e toda em mim.

Senhor, vós sois, e por isso todas as coisas são realizadas por vós, e nada é feito sem vós. E eu não sou, por isso todas as coisas são feitas sem mim, e coisa alguma é feita por mim.

Senhor, sois todo poder, todo sabedoria e todo bondade, sem começo, sem medida e sem fim. E eu sou toda fraqueza, toda ignorância e toda maldade, sem começo, sem medida e sem fim.

Senhor, sois um só Deus em três pessoas, o Pai, o Filho e o Espírito Santo. E sou uma só inimiga em três misérias, ou seja, na fraqueza, na ignorância e na maldade.

Senhor, quanto compreendo de vosso poder, de vossa sabedoria ou de vossa bondade? Apenas o quanto compreendo de minha fraqueza, de minha ignorância e de minha maldade.

Senhor, quanto compreendo de minha fraqueza, de minha ignorância e de minha maldade? Apenas o quanto compreendo de vosso poder, de vossa sabedoria e de vossa bondade. E se eu pudesse compreender uma dessas duas naturezas, eu compreenderia as duas. Pois se eu pudesse compreender vossa bondade, compreenderia minha maldade; e se eu pudesse compreender minha maldade, eu compreenderia vossa bondade: essa é a proporção. E como não compreendo nada de minha maldade, comparado ao que ela é, não compreendo nada de vossa bondade, comparado ao que ela é. E o pouco, Senhor, que compreendo da vossa bondade, me dá a compreensão que tenho de minha maldade. E o pouco, Senhor, que compreendo de minha maldade, me dá a compreensão que tenho de vossa bondade. E na verdade, Senhor, é tão pouco ainda, em comparação ao restante, que pode-se dizer que não é coisa alguma. E por isso sois tudo: vossa Verdade o confirma em mim, e assim eu o compreendo.

๛ 131 ๛
Aqui a Alma diz que não deseja senão a vontade de Deus

Depois disso, considerei, com base em minha maldade e em sua bondade, o que eu poderia fazer para apaziguar-me com Ele. E comecei a meditar, fazendo suposições para levar a vontade ao consentimento sem reservas[22]. E disse que se fosse possível que eu nunca tivesse existido, de tal modo que nunca tivesse contrariado a sua vontade, se isso lhe agradasse, seria o meu prazer.

Disse em seguida que, se fosse possível que Ele me desse tormentos tão grandes quanto é grande o seu poder para vingar-se de mim e de meus pecados, se isso lhe agradasse, também seria o meu prazer[23].

Disse-lhe, então, que se fosse possível que eu tivesse existido por tanto tempo quanto Ele, e que não tivesse deficiências, e que eu tivesse sofrido tanta pobreza, desprezo e tormentos quanto Ele tem em si de bondade, sabedoria e poder, e que não tivesse nunca ofendido a sua vontade, se isso o agradasse, seria o meu prazer.

Depois, disse ainda que se fosse possível eu retornar ao nada, assim como vim do nada, para que Ele se vingasse de mim, se isso o agradasse, seria o meu prazer.

E disse ainda depois que se eu tivesse em mim tanto quanto Ele tem por si mesmo, de tal forma que não pudessem tomá-lo de mim, nem diminuí-lo, a menos que eu o quisesse, eu colocaria tudo isso nele e logo retornaria ao nada, ao invés de tentar ou querer reter algo que não tivesse vindo dele. E mais, pois se fosse possível eu ter infinitamente o que disse acima, ainda assim eu não poderia e nem quereria fazer outra coisa.

---

22. O texto que se segue é a versão de Marguerite dos "testes de amor" corteses, nos quais a qualidade do amor da amante pelo amado é testada em sua pureza. No esquema de Marguerite esses testes são o momento transformador da alma.

23. Aqui novamente há uma lacuna no texto em francês antigo e este parágrafo é fornecido no latim.

E mais uma vez disse que se eu tivesse, por minha própria condição, o que declarei acima, isto é, tanto valor quanto Ele tem por si mesmo, eu preferiria que tudo retornasse ao nada sem nada reter, *mais do que ter algo que não veio dele*[24]. E se eu recebesse dele tormentos tão grandes quanto o seu poder, ainda assim amaria mais tais tormentos recebidos dele do que tal glória eterna que eu tivesse por mim mesma.

Disse, depois, em minhas meditações, que doravante, mais do que fazer algo que fosse contrário ao seu prazer, eu preferiria que a humanidade de Jesus Cristo sofresse de novo tantos tormentos quanto os que Ele sofreu por mim do que fazer algo que o desagradasse.

Em seguida, eu disse que se soubesse, e se assim fosse verdade, que tudo que Ele criou do nada, seja eu mesma ou outra coisa – tudo, para que se entenda – devesse retornar ao nada, a menos que eu não fizesse algo mau contra a sua vontade, tudo o que mencionei retornaria ao nada, de preferência a que eu fizesse o mal ou quisesse fazê-lo.

Depois eu disse que, se eu soubesse que deveria ter muitos tormentos sem fim, como Ele tem bondade, mesmo que eu não fizesse nenhum mal contra sua vontade, eu preferiria sofrê-los eternamente do que fazer algo que eu soubesse que poderia desagradar a sua vontade.

Depois, ainda, eu lhe disse que, se fosse possível que Ele pudesse e quisesse me dar tanta bondade quanto a que Ele tem eternamente, eu não a amaria senão por ele. E se eu perdesse tal dom, não me importaria senão por Ele. E se Ele o devolvesse a mim após essa perda, eu não o retomaria senão por Ele. E se fosse possível que o agradasse

---

24. Aqui há uma lacuna tanto no francês quanto no latim e essa frase em itálico consta do texto em inglês médio.

mais eu retornar ao nada e que não tivesse mais ser, eu preferiria aí permanecer do que receber dele esse dom. E se fosse possível que eu tivesse o mesmo que Ele tem em si, tão bem como Ele tem, sem nada me faltar, a menos que eu quisesse, e se eu soubesse que lhe agradaria mais que eu tivesse tantos tormentos quanto Ele tem bondade em si, de preferência eu aí permaneceria.

E depois eu disse que se soubesse ser possível que a doce humanidade de Jesus Cristo e a Virgem Maria e toda a corte do céu não pudessem suportar que eu sofresse tais tormentos eternos sem recuperar o estado do qual saí; e se Deus houvesse colocado neles essa piedade e essa vontade e se Ele me dissesse: "Se quiseres eu te restituirei aquilo de onde saístes por minha vontade, e te removerei de tais tormentos porque os amigos de minha corte o querem; mas se não fosse a vontade deles eu não o faria e permanecerias nos tormentos eternos; mas por amor a eles eu te devolvo tal dom, se quiseres recebê-lo". Se assim fosse, eu recusaria para sempre e preferiria permanecer nos tormentos do que aceitá-lo, já que não o teria somente por sua vontade, mas o receberia por meio dos pedidos da humanidade de Jesus Cristo, e da Virgem Maria e dos santos. Pois eu não poderia suportar se não o tivesse por meio do puro amor que Ele tem de si por mim, por sua pura bondade, e somente por meio da sua vontade, tal como o amado tem pela amada.

E depois disso, considerei em meus pensamentos como se Ele me perguntasse como eu me comportaria sabendo que Ele preferiria que eu amasse um outro mais do que a Ele. Frente a isso meus sentidos me falharam e eu não sabia o que responder, nem o que querer, nem o que replicar, mas respondi que me aconselharia sobre isso.

E, depois, Ele me perguntou como eu me comportaria se fosse possível que Ele pudesse amar um outro mais do que a mim. E aqui me falharam os sentidos, e eu não soube o que responder, nem o que querer, nem o que replicar.

Outra vez ainda, Ele me perguntou o que eu faria e como me comportaria se Ele quisesse que um outro me amasse mais do que Ele. E igualmente meus sentidos me falharam, e eu não soube o que responder, não mais do que antes, mas disse ainda que me aconselharia sobre isso; e assim o fiz, e foi com Ele mesmo que me aconselhei. Eu lhe disse que essas três coisas eram muito mais difíceis do que as anteriores. E lhe perguntei, com o pensamento perplexo, como seria possível eu amar um outro mais do que a Ele, e Ele amar uma outra mais do que a mim, ou um outro me amar mais do que Ele. E aí as forças me faltaram, pois eu não podia responder a nenhuma dessas três coisas, nem negá-las, nem replicá-las. Contudo, Ele aí voltava sempre para ter uma resposta. E eu estava tão à vontade, e me amava "com" Ele, que nada podia me conter, e nem tinha como. Eu estava tão agarrada ao freio que não ia no passo certo. Ninguém sabe sobre isso, se não tiver sido testado. E, contudo, eu não podia ter paz até que Ele tivesse a minha resposta. Eu me amava tanto "com" Ele que não podia responder com rapidez. Se eu não amasse estar com Ele, minha resposta seria breve e rápida. Porém, eu precisava responder, se não quisesse perder a mim mesma e perdê-lo, e por isso meu coração sofria grande aflição.

Agora vos direi a resposta dada. Eu lhe disse que Ele queria testar-me em todos os pontos. Ah, o que digo? Por certo nunca falei uma palavra sobre isso. O coração por si fez disso essa batalha e respondeu, em angústia mortal, que queria separar-se de seu amor, pelo qual havia vivido e com o qual acreditava poder viver longamente. Mas supondo-se que Ele pudesse querer isso, e que é preciso querer todo o seu querer, eu assim respondi e lhe disse:

Resposta às três questões acima mencionadas: – "Senhor, se fosse possível que as coisas acima mencionadas, colocadas em questão, acontecessem eternamente na realidade e na verdade como estão nas perguntas, eu vos direi, de vós e por vós, o que eu quereria por vosso amor.

Se eu tivesse o mesmo que tendes na criação que me haveis dado, então eu seria igual a vós, exceto nesse ponto, ou seja, que eu poderia trocar a minha vontade por aquela de um outro – o que não faríeis – porque quereríeis, sem condição, essas três coisas que me têm sido tão duras de suportar e de conceder. E se eu soubesse, sem dúvida, que a vossa vontade o quer sem com isso diminuir vossa bondade divina, então eu o quereria, sem nunca mais nada querer. E assim, Senhor, minha vontade chega ao seu fim ao dizer isso; minha vontade é mártir e meu amor é mártir: vós os levastes ao martírio; seu empenho terminou. No passado, meu coração imaginava poder viver sempre de amor, pelo desejo da boa vontade. Mas agora, essas duas coisas estão mortas em mim, e me fizeram sair da minha infância.

❧ 132 ❧
Como Justiça, Misericórdia e Amor vieram para a Alma, quando ela saiu de sua infância

Lá surgiu o País da Liberdade. Lá, Justiça veio a mim e perguntou-me que favor eu queria dela. Respondi-lhe que, tal como estava, eu não queria favor nenhum, nem dela, nem de qualquer coisa que pudesse me atormentar. Depois veio Misericórdia, que me perguntou que ajuda eu queria dela. Respondi-lhe imediatamente que, assim como estava, não queria mais ajuda dela, nem de coisa alguma que pudesse me fazer o bem.

Em seguida, plena de bondade, veio Amor, que tantas vezes me deixou fora de mim e, no final, deu-me a morte: ouvistes alguma coisa sobre isso. E me disse:

Amada, o que quereis de mim?
Contenho tudo o que foi,
Que é, e que será.
De tudo estou plena.
Tomai de mim tudo o que vos agradar:
Se me quiserdes toda, não me negarei.
Dizei, amada, que quereis de mim?
Eu sou Amor, toda plena de bondade:
O que quiserdes, nós queremos.
Amada, dizei claramente a vossa vontade.

Logo respondi que eu era puro nada. Ah, o que eu quereria? O puro nada nunca teve nenhuma vontade, não quero coisa alguma. A bondade de Amor não é nada para mim, em nada me importa o que vem dela. Ela é, na verdade, plena em si. Ela é, nada é senão é dela. Por isso digo que isso me satisfaz plenamente e me basta.

Comecei, então, a sair da minha infância e meu espírito a tornar-se velho quando minha vontade morreu e minhas obras findaram-se, bem como meu amor, que me fazia frívola. Pois o fluxo do amor divino, que se mostra a mim na luz divina de uma centelha elevada e penetrante, revela-me tudo subitamente, Ele e eu, ou seja, Ele – o Altíssimo – e eu, tão embaixo que não posso levantar-me, nem a mim mesma ajudar; e de lá nasce o que tenho de melhor. Se não o entendeis, não vos posso ajudar. Essa é uma obra miraculosa, sobre a qual nada se pode dizer, a menos que se minta.

❧ 133 ❧

Aqui a Alma diz que as considerações acima são para os tristes, e mostra novamente quem são os tristes, e como estas considerações estão na vida do espírito

(*Alma*): – Por hora ouvistes algumas considerações, diz essa Alma, sobre as quais meditei para me liberar e encontrar o caminho. Meditei sobre elas quando eu era triste, isto é, quando estava perdida[25], pois são tristes todos os que têm qualquer afeto no espírito. Essas considerações são feitas na vida do espírito, pelo afeto do terno amor que a Alma tem por si mesma. Mas ela pensa que tem esse amor, ao qual está tão presa, por Deus; contudo, para bem se entender, é a si mesma que ela ama, sem que o saiba ou perceba. E nisso estão enganados os que amam de acordo com a ternura de seu afeto, que não os deixa chegar à compreensão. Por isso permanecem como crianças, em obras da infância, e assim permanecerão enquanto tiverem os afetos do espírito.

Aqui fala Amor Divino: – Ah, Deus, diz Amor Divino, que repousa de si mesma na Alma Aniquilada, como é longo o caminho e grande a distância entre tal vida triste e a vida liberada, na qual a vontade não tem domínio! Esse nada querer semeia a semente divina, tomada de dentro do querer divino. Essa semente não pode nunca falhar, mas pouca gente se dispõe a recebê-la. Já encontrei muitos perecidos pelos afetos do espírito, pelas obras das virtudes e

---

25. "[...] *que je contemplays quant j'estoie marrie, c'est quant j'estoye esmarrie...*" Esse jogo de palavras entre *marrie* e *esmarrie*, triste e perdida, traduz bem o estado da alma que crê amar Deus, mas que na realidade só ama a si mesma.

pelos desejos de uma vontade boa. Mas encontrei alguns poucos dos gentilmente tristes e, sem dúvida, menos ainda dos livres, isto é, dos que vivem a vida liberada e que são como esse livro pede, ou seja, os que têm uma só vontade, a que Amor Cortês faz ter. Pois Amor Cortês faz ter um só amor e uma só vontade, por isso minha vontade tornou-se um nada querer. Tal Amor é daquele que é singularmente perfeito, derivando da obra divina. Tal Alma está nua e não teme, em tal nudez, que a serpente a morda. Assim como Deus não pode aumentar sua própria alegria, da mesma maneira, a dessa Alma não pode mover-se ou aumentar por sua própria obra, se Ele não o faz por sua obra. Se ela se movesse por sua própria obra, ela aí seria "por" ela; e se está nua, isso não pode ser.

Alma Liberada: — É verdade, diz a Alma Liberada. Cheguei a esse ponto ao me abandonar perfeitamente, pois os milagres se devem à Fé e me dão o verdadeiro conhecimento dos dons divinos: a Fé é a causa disso.

✍ 134 ✍
Como a Alma está no estado de perfeição quando a Santa Igreja não pode dar o exemplo em sua vida

(*Amor*): — Tal Alma, diz Amor, está no estado de máxima perfeição, e mais próxima do Longeperto, quando não toma mais a Santa Igreja como exemplo em sua vida. Ela está então sob a obra da Humildade e assim está além da obra da Pobreza e acima da obra da Caridade. Ela está tão distante das obras das Virtudes que não poderia entender a linguagem delas. Mas as obras das Virtudes estão encerradas dentro de tal Alma, a quem obedecem sem contradizê-la e, por tal clausura, a Santa Igreja não sabe compreendê-la. Essa Santa Igreja louva singularmente o Temor a Deus, pois o santo Temor a Deus é um dos dons do Espírito Santo. Contudo, o Temor a Deus destruiria o estado de liberdade, se pudesse penetrar em tal estado. Mas a liberdade perfeita não tem nenhum porquê. Ela passou pela ponta da espada, eliminando os prazeres do corpo e exterminando as vontades do espírito. Ela colocou todo o seu amor sob seus pés, e não se preocupa consigo mesma, não mais do que se não existisse. O mais a liberou dos débitos que tinha com Jesus Cristo e, por isso[26], *ela não lhe deve nada, qualquer que tenha sido o seu débito. O mais a liberou do menos. E esse mais quer encontrar nela pleno espaço, sem nenhum intermediário. Mas o grande sentido da natureza, pela qual os enganados se deixam guiar pela afeição da vida do espírito, contentando-se consigo mesmos, lhes destrói a profundidade, pois não são capazes de compreender a nudez dessa profundidade, nem de acreditar plenamente na bondade de Deus, generosamente dada a eles. Por isso, permanecem nas obras.*

❧ 135 ❧
Como estão enganados os que se contentam em serem governados pela afeição da vida do espírito

Ah, como estão enganados os que nisso permanecem e com isso se contentam. Pois, tudo que uma criatura pode fazer nas obras de bondade não é nada em comparação à sabedoria divina. A bondade divina não se dá à Alma por causa disso, mas somente por sua própria

---

26. Aqui o texto em francês é interrompido e fornecido no inglês antigo e no latim.

bondade. E uma única manifestação desta antiga e nova bondade eterna vale mais do que qualquer coisa que a criatura possa fazer em cem mil anos, ou mesmo toda a Santa Igreja. O distante é o mais próximo, pois, em si, a Alma reconhece melhor o mais próximo do que o distante, o que a faz estar continuamente em união com a sua vontade, sem a interferência de qualquer outra coisa que possa lhe acontecer. Tudo para ela é uma única coisa, sem um porquê, e ela é nada no uno. Agora ela não tem mais nada a fazer por Deus, nem Deus por ela. Por quê? Porque Ele é e ela não é. Ela não retém mais nada em si, no seu próprio nada, pois isso lhe basta, ou seja, Ele é e ela não é. Portanto, ela está despojada de todas as coisas, pois está sem ser, lá onde estava antes de ser. Assim ela tem de Deus o que Ele tem e é o que Deus mesmo é, por meio da transformação do amor, no ponto em que estava antes de fluir da bondade de Deus.

✺ 136 ✺
Como toda obra está proibida para a Alma Aniquilada

Lá ela não ora, não mais do que fazia antes de ser. Recebe o que tem da bondade divina, do núcleo de seu amor, do nobre Longeperto. Isso não a preocupa: o que ela mais ama é o que mais odeia. É assim que se deve fazer. Ela não tem nenhum mais, nenhum meio e nenhum menos em seu amor, por isso não se entristece com nada que lhe aconteça. Ela não tem fundo e, portanto, não tem lugar; se não tem lugar, conseqüentemente, não tem amor. O que quer que seja dito, toda obra está proibida para ela na existência simples da divindade, como foi prescrito por Jesus Cristo, Filho de Deus Pai. Chega a tal fim aquele que não tem os meios para fazer o bem, e, em conseqüência, aquele que também não tem os meios para fazer o mal. Amor lhe dá tudo, e assim a tranqüiliza em relação aos seus próximos.

É justo, diz essa Alma, que todas as coisas estejam subordinadas a mim, pois tudo foi criado por minha causa. Assim, recebo tudo como meu, sem proibição. Por que não o faria? Vós, Senhor, me amastes, o fazeis e o fareis com todo o vosso poder enquanto Pai. Vós me amastes, o fazeis e o fareis com toda a vossa sabedoria enquanto irmão. Vós me amastes, o fazeis e o fareis com toda a vossa bondade enquanto bem-amado. Nunca haveis sido outra coisa, doce pai, doce irmão, doce amado, pois nem por um instante ou por um piscar de olhos deixei de ser amada por vós. Portanto, posso dizer que não amais ninguém mais do que a mim. Pois assim como vossa bondade não pode tolerar que vossa humanidade, sua mãe e os anjos e santos não tenham a glória, para além de seus méritos, por vossa infinita bondade eterna, igualmente, vossa eterna bondade não pode tolerar que eu tenha os tormentos que mereci. Por isso, recebo tanto de vossa misericórdia quanto tendes de poder em relação ao que devo sofrer.

❧ 137 ❧
Como essa Alma professa a sua religião e como observou bem sua regra

Tal Alma professa a sua religião e obedece às suas regras. Qual é a sua regra? É que ela seja reconduzida pela aniquilação ao estado inicial, onde Amor a recebeu. Ela passou no exame de sua provação e venceu a guerra contra todos os poderes. Mas o que vimos acima foi excessivamente difícil para ela. Isso não é surpreendente, pois não há guerra maior do que a guerra contra os amigos: aquele que os elimina deve passar pelo fio da espada. Assim, todo poder é retirado, sem recuperação, e lhe é dada a cura de suas fraquezas. Oh, que[27] grande

---

27. Aqui recomeça o texto em francês antigo.

pena é a morte dos amigos que ajudaram a Alma a vencer seus inimigos, e que, ao final, foram todos eliminados! Mas por que surpreender-se? Deus realiza as bênçãos à sua própria maneira e por isso não quer mais que essa Alma esteja nesse lugar. Seus pensamentos foram presunçosos no passado, colocando-a no lugar de Deus, mas isso foi porque ela estava fora de seu estado próprio.

✌ 138 ✌
Como a Alma retorna ao seu estado anterior

Agora essa Alma está no primeiro estado do ser que é seu estado próprio e, assim, deixou o três, e fez de dois somente um. Mas quando se tem esse uno? Esse uno se tem quando a Alma é recolocada naquela Deidade simples, que é um Ser simples de fruição transbordante, na plenitude do saber sem sentimento, acima do pensamento. Esse Ser simples faz na Alma, por caridade, tudo o que a Alma faz, porque a vontade tornou-se simples. Essa vontade simples não tem nada a fazer nela, depois que venceu a necessidade das duas naturezas, lá onde a vontade foi trocada pelo ser simples. E essa vontade simples, que é a vontade divina, coloca a Alma no ser divino: mais alto ninguém pode ir, nem mais profundamente descer, nem mais desnudo pode estar. Quem quiser entender isso que se guarde das armadilhas da natureza, pois assim sutilmente como o sol absorve a água de um pano sem que ninguém perceba, ainda que esteja olhando, igualmente a Natureza se engana sem que o saiba, se não está em guarda por meio de grande experiência.

❧ 139 ❧
Como a Natureza é sutil em vários pontos

Ah, Deus! Como a Natureza é sutil em vários pontos, exigindo, sob a aparência da bondade e sob o colorido de sua necessidade, o que ela não tem direito. Certamente, o que ela exige é com freqüência ameaçador, pois com tais disfarces ela obtém freqüentemente o que não é dela, privando a si mesma de sua força e vigor e de sua gentileza. *Eu o experimentei para minha grande desventura, mas isso foi também para minha grande fortuna, pois ultrapassei o que tinha que fazer com base em minha maldade no saber divino, sem meu conhecimento. E esse saber divino e esse ocultamento me impediam o caminho para meu país, cobrindo-me com a matéria na qual eu devia conquistar a humildade necessária para compreender o que era meu. E com isso perdi o que era meu, pois o que eu tinha nunca foi meu*[28].

Pode acontecer, por vezes, que não se encontre num reino duas criaturas que sejam de um só espírito, mas quando, por acaso, acontece que essas duas criaturas encontrem uma a outra, elas se abrem uma à outra, e não se podem ocultar uma da outra. E se quisessem fazê-lo não poderiam, pela condição de seus espíritos e de suas compleições, e pelo modo de viver a que são chamados, queiram ou não. Tal gente tem grande necessidade de estar em guarda, se não alcançaram a coroa ou a perfeição da liberdade.

---

28. Essa passagem está obscura no francês antigo e fica um pouco mais clara no latim. Parece se referir aos seres humanos ocultando sua nudez no jardim, no Gênesis 3,8-11 e o subseqüente ato divino de vesti-los com a pele. A interpretação de Marguerite desse evento como um "vestir" com a matéria é uma antiga interpretação cristã.

E por isso vos digo, em conclusão, que se Deus vos deu elevada criação, luz excelente e amor singular, sede férteis e multiplicai essa criação, sem falhas, pois seus dois olhos vos contemplam sempre. E se considerardes e contemplardes bem, esse olhar tornará a Alma simples.

Deo gratias.

Para quem esse livro escreveu
Do fundo do coração vos peço
Que oreis ao Pai, Filho, e Espírito Santo
E à Virgem Maria,
Para que após essa vida presente
Na companhia dos anjos
Ele lhes renda graças e louvores.
Amém.

❧ 140 ❧
A aprovação [29]

Eu, criatura criada por aquele que cria, por cujo intermédio o Criador fez esse livro de si para aqueles que não conheço, nem desejo conhecer, pois não devo desejar isso. É suficiente para mim se isso está no conhecimento secreto da sabedoria divina e na esperança. Eu os saúdo por meio do amor da paz da caridade na altíssima Trindade, que os considerou dignos de direção, declarando nele o testemunho de suas vidas pelo registro dos clérigos que leram este livro.

---

29. A aprovação foi preservada no latim e no inglês médio e acrescentada pelos editores da edição crítica como o capítulo final.

O primeiro deles foi um Frei Menor de grande nome, vida e santidade que era chamado de Frei João. Este homem disse sobre o livro, nós vos recomendamos por essa carta de amor; recebei-a cortesmente no amor, pois o amor o ordena, em honra a Deus e a seus servos livres, e para o benefício dos que ainda não o são, mas que, contudo, ainda serão, se a Deus isso agradar. Esse Frei disse que este livro foi feito pelo Espírito Santo e que se todos os clérigos do mundo o ouvissem e pudessem compreendê-lo, não saberiam em nada contradizê-lo. E rogou que, em nome de Deus, ele estivesse bem guardado e que poucos o vissem. E disse que ele era tão elevado que mesmo ele não podia compreendê-lo.

Depois, o viu e leu um monge cisterciense chamado Dom Franco, da Abadia de Villers. Ele disse que assegurava, por meio das Escrituras, ser verdade tudo o que este livro diz.

Depois o leu um certo mestre em Teologia chamado Godfrey de Fontaines. Ele não disse nada desfavorável sobre o livro, tanto quanto os outros. Mas aconselhou que não muitos o vissem, porque, como ele disse, poderiam colocar de lado a vida para a qual foram chamados, aspirando essa outra à qual nunca chegarão. E nisso poderiam ser enganados, pois, como disse, o livro foi feito por um espírito tão forte e ardente que poucos ou nenhum são como ele. Contudo, disse ele, a alma não é capaz de chegar à vida divina ou à prática divina até que chegue às práticas que este livro descreve. Todas as outras práticas são inferiores a essa, disse esse mestre, são práticas humanas, somente essa é divina e nenhuma além dessa.

Essa aprovação foi feita para a paz dos ouvintes (sic); e, similarmente, para a vossa paz falamos a mesma coisa, que essa semente possa frutificar cem vezes para aqueles que ouvirão e que serão dignos. Amém.

Clássicos da Espiritualidade

Confira outros títulos da coleção em

livrariavozes.com.br/colecoes/classicos-da-espiritualidade

ou pelo Qr Code

Conecte-se conosco:

- **f** facebook.com/editoravozes
- **◎** @editoravozes
- **𝕏** @editora_vozes
- **▶** youtube.com/editoravozes
- **◯** +55 24 2233-9033

www.vozes.com.br

Conheça nossas lojas:

www.livrariavozes.com.br

Belo Horizonte – Brasília – Campinas – Cuiabá – Curitiba
Fortaleza – Juiz de Fora – Petrópolis – Recife – São Paulo

  Vozes de Bolso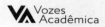

EDITORA VOZES LTDA.
Rua Frei Luís, 100 – Centro – Cep 25689-900 – Petrópolis, RJ
Tel.: (24) 2233-9000 – E-mail: vendas@vozes.com.br